中国近代新闻学名著系列丛书

芮必峰◎主编

上海新闻事业之史的发展

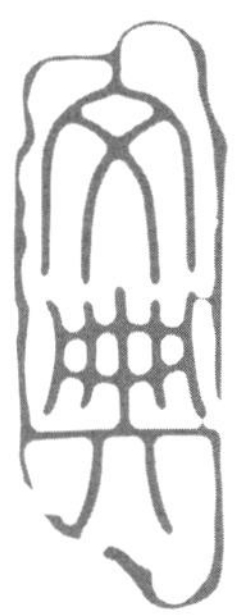

——胡道静◎著——

中国传媒大学出版社

·北京·

编 委 会

主　编　芮必峰

副主编　姜　红　刘　勇

编　委　贾　南　周　彤　张冰清　侯普曼

出版说明

本丛书整理再版了近代在中国用中文出版的经典新闻学著作，所涉及的图书既有专著、教材，也有译著，全面涵盖了新闻学理论、新闻业务、新闻史等领域，成书年份前后跨越40年。在这40年间，中国的新闻学科从无到有、从借鉴到创新，成就巨大。对这些著作的再次出版，为研究中国近代新闻学提供了珍贵的史料，绘制了中国近代新闻学的全景，度量了中国近代新闻学的厚度，填补了该领域空白，也为纪念中国新闻学诞生100周年献上了一份厚礼。

我们请中国人民大学新闻学院教授、博士生导师，广西大学新闻传播学院院长，教育部社会科学委员会委员兼新闻传播学科召集人郑保卫，及中国传媒大学传播研究院院长、教授、博士生导师，中央实施马克思主义理论研究和建设工程新闻学首席专家雷跃捷对本丛书的内容进行了审定，并根据专家的意见进行了修改。在此对两位专家所付出的辛勤劳动表示衷心感谢。

由于历史原因，本丛书中的个别图书存在一些问题，为保存历史原貌，为研究者提供一手的参考资料，影印时均基本保持其原貌，未作大的删改，希望读者结合当时的历史条件和历史环境，对其中的观点进行批判性借鉴。原书中存在一些错别字、漏字和排版错误，我们在影印时均未做改动，敬请读者注意。

由于原书出版年代久远，本丛书中的许多书籍难觅其踪，存世数量稀少，版权状况极其复杂。为了保证本丛书的学术性和完整性，我们将具有价值的图书先行选入其中，进行了抢救性发掘，力图保存中国新闻史珍贵的历史资料。版权所有人若有异议，请及时与我们联系。

为更好地体现中国近代新闻学的发展脉络，本丛书特别收录了欧美学者休曼的《实用新闻学》、斯蒂德的《新闻学的理论与实际》；日本学者松本君平的《新闻学》、后藤武男的《新闻纸研究》、杉村广太郎的《新闻概论》。当年这些书的出版对中国近代新闻学具有一定的借鉴意义。

本丛书为影印制作，成书清晰度由原书决定，由于出版年代久远，受当时生产力水平及制作方法限制，难免会存在一些缺陷，敬请读者谅解。

中国传媒大学出版社

总　序

如果从1903年商务印书馆编译出版日本人松本君平的《新闻学》算起，中国的新闻学已有115年历史[①]。如果从1918年北大新闻研究会建立，徐宝璜开办新闻学讲座算起，中国新闻学教育和研究迄今正好100年历史。我们搜集整理了清末至民国期间一些有代表性的新闻学书籍，希望借此重现早期中国近代新闻学的本来面貌，反映我国新闻学发展的历史脉络，我们认为，这对中国新闻学术、教育史研究以及中国近现代思想史研究都是很有意义的。

从1903年到1949年9月的40多年间，我国公开出版和内部印行的新闻学书籍，包括专著、教材、论文集、资料汇编、参考工具书等，约468种之多。[②]它们集中反映了我国新闻学的历史发展轨迹。然而，由于多种原因，这些书籍除了几本曾被重印出版外，大多已经是“只闻其名、难觅其踪”，这对我国新闻学研究不能不说是一个遗憾。

本丛书在梳理1903—1949年间出版的有代表性的新闻学书籍的基础上，精选了50部著作，校订注释，编纂再版，也算对这一遗憾的弥补。

从我们挑选的这50部新闻学书籍来看，中国早期新闻学的发展有三个鲜明的特点：

一、中国早期新闻学的发展与中国社会发展，尤其与国家民族利益息息相关

40多年间，中国新闻学从近乎空白到勃然而兴，这与中国社会的动荡、变

① 黄天鹏回顾新闻运动时说：“有清光绪二十八年，商务印书馆刊行《新闻学》一书，为我国人知有新闻学之始，原书为日人松本君平所著……”资料来源：黄天鹏．新闻运动之回顾［A］．黄天鹏．新闻学名论集［C］．上海：上海联合书店，1929．

② 林德海，等．中国新闻学书目大全1903—1987［M］．北京：新华出版社，1989．

革休戚相关。西方新闻学是现代化的产物，最早形成于19世纪末20世纪初。1901年，“新闻学”一词首见于中文报章[①]，但直到民国前夕，国人对于“新闻有学乎”尚存疑，认为报社就是新闻人才的“养成所”。至1912年上海报业俱进会以“吾国报业之不发达……其最大原因，则为无专门之人才”[②]为由，号召组织报业学堂，培养报业专门人才。不难看出，此时新闻界亦将新闻学视为办报之“技”。至1918年邵飘萍为徐宝璜《新闻学》作序仍“窃叹我国新闻界人才之寥落，良由无人以新闻为一学科而研究之者”[③]。黄天鹏把1903年至1918年新闻学研究会建立之前的十余年视为中国新闻学的启蒙期。[④]

1918年，随着以启蒙为目标的新文化运动愈演愈烈，新思潮涌入国门，“新学”“西学”站在旧传统的对立面被学界关注，新闻学思想也不例外。作为公学之首和新文化运动中心的北京大学率先开办新闻学研究会，力证了“新闻学”存在的正当性；徐宝璜《新闻学》一书问世，成为中国新闻学理论的奠基之作。新闻学教育兴起，新闻学研究著作渐盛，待到北伐前夕，中国新闻学从学理上和实践上俱已建立起来。

新文化运动后期，马克思主义传入中国，资本主义文明逐渐“祛魅”。之后的大萧条使得西方国家的痼疾暴露无遗，曾经“理想之彼方”的西方报业也难以幸免。在这一时代背景下，如何建立“吾国之报业”成为新闻学研究的热点，围绕这一热点，一方面，关于中外新闻理论、新闻事业、新闻业务的著作日益涌现；另一方面，军阀对于激进言论的暴力摧残，又引发了新闻人对于言论自由的论争。20世纪20年代的中国新闻学呈现百家争鸣之势。

“在这言论自由纷争之际，也有若干论调，认为新闻纸不过是一种政治宣传的工具，在新闻学方面也唱过所谓社会主义的新闻理论，不过这种论调没有完成，当头的国难已把这种理论粉碎。”[⑤]“九一八”事变后，面对空前的民族危机，“国家至上、民族至上”成为国论，报业成为勾连与动员社会的渠道和网络，

---

① 梁启超．本馆第一百册祝辞并论报馆之责任及本馆之经历［J］．清议报，1901（100）：1-8．

② 戈公振．中国报学史［M］．上海：上海书店，1989：278．

③ 徐宝璜．新闻学［M］．长春：时代文艺出版社，2009：7．

④ 黄天鹏．四十年来中国新闻学之演进［M］//龙伟，任羽中，王晓安，何林，吴浩．民国新闻教育史料选辑．北京：北京大学出版社，2010：149．（以下征引本书时，一律简注为《民国新闻教育史料选辑》。）黄天鹏在此文中提出他对于1903年到战事结束的40余年间中国新闻学发展阶段的划分，原载《中国新闻学会年刊》第1期，1942年9月。

⑤ 黄天鹏．四十年来中国新闻学之演进［M］//民国新闻教育史料选辑．北京：北京大学出版社，2010：161．

致力于推动“舆论统一”。直到全面抗战中期之前，以战争宣传动员为主要研究目标的“战时新闻学”都是新闻学研究的热点。

1943—1949年中华人民共和国成立前夕，随着战争形势的转变，抗日战争已现胜利的曙光，中国新闻学人开始构想新闻业的未来。萨空了[①]于1943年开始着手书写《科学的新闻学概论》，旨在提醒新闻人应“鉴于美英的前车”[②]，避免报纸“为大财阀资本家所独占”[③]，“积极地设法使报纸成为大多数民众自己的相互报道消息、提供意见的工具”[④]。

二、中国新闻学是“西学东渐”的产物，中国早期新闻学人大多具备西学背景

“西学东渐”的内在精神是中体西用。在“用”的招牌下，西学大量涌入。中国新闻学直接引自日本和美国。首先，中国最早的新闻学译著分别为1903年商务印书馆编辑出版的松本君平的《新闻学》和1913年美国记者休曼著、史青编译的《实用新闻学》。前者成为中国新闻学的开端，而后者作为美国第一本新闻教育著作，“提供采访编辑各种实际问题的解决方案”[⑤]，也奠定了中国新闻人对于新闻教育之作用的基本构想。

早期中国新闻学人大多具备留美留日的求学背景。徐宝璜曾于美国密歇根大学修习经济学与新闻学，其《新闻学》（1919）的参考文献包括在美国出版的图书23种、在英国出版的图书7种，印证了时任北大校长蔡元培所言，“新闻学之取资，以美为最便矣”[⑥]。任白涛求学日本早稻田大学政治经济学系时，加入了《朝日新闻》名记者杉村楚人冠等筹建的“大日本新闻学会”[⑦]，《应用新闻学》

---

① 萨空了（1907—1988）四川成都人，蒙古族，笔名了了、艾秋飚，记者、主编、新闻学家。1927年任《北京晚报》《世界日报》编辑记者、《世界画报》总编辑。曾任教民国学院新闻系、北京新闻专科学校。1935年任上海《立报》副刊主编、总编辑兼经理。中华人民共和国成立后任中央人民政府新闻总署副署长兼新闻摄影局局长、出版总署副署长、全国政协副秘书长兼《人民政协报》总编辑等职。负责主编《中国大百科全书·新闻出版》卷，著有《科学的新闻学概论》《科学的艺术概论》《宣传心理研究》等。

② 萨空了．科学的新闻学概论［M］．香港：文化供应社，1946：36．

③ 萨空了．科学的新闻学概论［M］．香港：文化供应社，1946：36．

④ 萨空了．科学的新闻学概论［M］．香港：文化供应社，1946：36．

⑤ 黄天鹏．四十年来中国新闻学之演进［M］//龙伟，任羽中，王晓安，何林，吴浩．民国新闻教育史料选辑，北京：北京大学出版社，2010：157．

⑥ 邓绍根．中国新闻学的筚路蓝缕：北京大学新闻学研究会［M］．北京：清华大学出版社，2015：228．

⑦ 1915年《朝日新闻》的杉村楚人冠等在庆应义塾大学创办“新闻研究会”并讲授课程，后根据该讲义出版了《最近新闻纸学》（1918）。其时，杉村楚人冠还兼任“大日本新闻学会”的筹建者与学会新闻讲座讲师。

（1922）正是仿照杉村楚人冠《最近新闻纸学》一书体例所做。[①]邵飘萍的《实际应用新闻学》（1923）亦参考了《最近新闻纸学》。[②]杉村楚人冠深受美、德新闻思想熏陶，美、日、德的新闻思想因故才传到中国。

事实上，正是留美、留日学生群体的新闻学著述构建起了中国早期新闻学的基本框架。仅本丛书所涉国内著（编）者30人中，剔除资料不详者3人，有留学经历者共计15人。其中留美5人：徐宝璜、伍超、赵敏恒[③]、戈公振[④]、曹用先[⑤]；留日8人：吴定九[⑥]、邵飘萍、黄天鹏、任白涛、张友渔[⑦]、谢六逸、袁殊[⑧]、王文萱[⑨]；

① 周光明．近代新闻史论稿［M］．北京：社会科学文献出版社，2014：276.

② 方晓红．中国新闻简史［M］．南京：南京师范大学出版社，1996：122.

③ 赵敏恒（1904—1961），记者、新闻学教授。早年就读于清华大学，1923年起先后于美国科罗拉多大学文学院、密苏里大学新闻学院、哥伦比亚大学新闻学院攻读英国文学和新闻学，并获新闻学硕士学位。1925年起在纽约环球通讯社当编辑。1927年回国，在国民政府外交部情报处短暂工作后加入路透社。1945年10月任《新闻报》总编，兼任复旦大学新闻学教授。

④ 留学两个及两个以上国家的，按其留学的第一个国家计。

⑤ 曹用先，女，宁波人，天津南开大学社会科毕业。1926年与未婚夫查良鉴自南开大学毕业后，同赴密歇根大学留学，1930年在该校安娜堡完婚。硕士毕业后回国，曾就职于上海商务印书馆编辑所并任教于大夏大学，1949年与查赴台，1951年4月病逝于台湾。

⑥ 吴定九（1890—1930），名鼎，字定九，嘉定人。著名报人，《京报》元勋之一，著有《新闻事业经营法》。公派赴日本名古屋学习土木工程时，与在东京政法学校读书的邵飘萍成为密友。1923年9月，私立北京平民大学设立报学系，时任京报社经理的吴定九担任教授并讲授专业课程"新闻经营法"。

⑦ 张友渔（1898—1992），原名张象鼎，字友彝，又名张忧虞，山西灵石人。法学家、政治学家、新闻学家。先后求学于山西第一师范学校，国立北平法政大学法律系。1927年任《国民晚报》社长兼总编辑。同年加入中国共产党，任中共北平市委委员兼秘书长。1930年赴日留学。"九一八"事变后回国任《世界日报》主笔及燕京大学、中国大学、民国大学、中法大学、北平大学法商学院教授，讲授宪法学、劳动法学、新闻学和日本问题。1943年起在重庆任中共南方局文委秘书长、《新华日报》社论委员会委员、中共重庆工作委员会候补委员兼政策研究室副主任、《新华日报》代总编辑等职。

⑧ 袁殊（1911—1987），中共谍报人员、记者、新闻学者。早年赴日攻读新闻学、东洋史。曾创办上海自修大学并设新闻专科。1931年3月创办的《文艺新闻》，最早揭露了左联五烈士被害的消息。1932年任新声通讯社记者，经潘汉年引介加入共产党。1942年卧底敌伪报纸《新中国报》，1945年10月转移到苏北解放区；1949年调入中央情报部门。著《记者道》《学校新闻讲话》《新闻大王赫斯特》等书；译《新闻法制论》等。

⑨ 王文萱，曾留学日本，1930年5月翻译杉村广太郎的《新闻概论》。1942年国立社会教育学院新闻系成立，王文萱在该系教授新闻业务课程。1947年年初，李宗仁授意萧一山在北平创办《经世日报》作为喉舌，任命王文萱、蓝文澄两位教授为主笔。

旅欧2人为胡愈之和储玉坤[①]（详情见表）。这些涉足新闻学研究的归国留学生兼容并蓄，汲取美、日、德等国新闻理论和马克思主义新闻思想的精华，进行本土化改良，亦从侧面反映出中国新闻学的理论来源。

三、中国早期新闻学人往往兼新闻实践、新闻教育、新闻研究于一身

1918年，北京大学新闻学研究会成立，徐宝璜负责讲授新闻学知识。他结合自身从业经验，参考欧美新闻学书目，形成课程讲义；再结合讲课心得，不断完善新闻学理论。1919年，国人自撰的第一本新闻学专著《新闻学》最终成书。徐在自序中细陈写书修书之过程："新闻学乃近世青年学问之一种，尚在发育时期。余对于斯学，虽曾稍事涉猎，然并无系统之研究。客岁蔡校长设立新闻学研究会，命余主任其事，并兼任导师。余乃于暑假中，正式加以研究，就所得著《新闻学大意》一篇，以为开会后讲演之用。……开会后，余继续研究，加以会员之质疑问难，时有心得，遂将原稿加以修改，成第二次之稿……"[②]显然，"曾稍事涉猎"指其曾经担任《晨报》主笔的工作经历。早期中国新闻学人兼具从业经验和新闻学教学经验者多会总结实践经验、丰富新闻理论、著书立说、传道授业，这种情况并不鲜见。

从早期新闻学著作的作者（编者）身份来看：本丛书涉及国内著（编）者30人，除李公凡、刘元钊和鲁风三人身份不详，仅蒋国珍[③]、项士元[④]二人没有明确的新闻从业经验。而在这25人中，更有20人兼具从业经历与从教经历。新闻学人大多具有新闻从业经历，学术研究、传承活动与新闻实践密不可分（详

---

① 储玉坤，1912年生，江苏宜兴人，笔名雨君、储华。1937年中央政治学校大学部新闻学及国际政治专业毕业。1938年1月任《文汇报》编辑兼社论撰述者；1938年5月担任《文汇报》法国哈瓦斯分社编辑；抗战胜利后，任《文汇报》总主笔。1946年5月转任《申报》主笔和法国新闻社远东分社中文部主任，兼任中国新闻专科学校教务长和沪江大学新闻系教授。著有《现代新闻学概论》《第二次世界大战史》《美国经济》。

② 邓绍根，中国新闻学的筚路蓝缕［M］. 北京：清华大学出版社，2015：244.

③ 蒋国珍出生于1896年，江苏溧阳人，做过学生运动领袖、国民党党员、教育工作者、政府职员、银行经理。曾加入上海学生运动，代表上海全国各界联合会、全国学生联合会、上海各界联合会、学生联合会四团体发声。虞文俊认为其传世的《中国新闻发达史》翻译自日本人伊藤武雄的《中国新闻发达史》，即蒋国珍应为此书的译者而非著者。

④ 项士元（1887—1959），佛教居士、学者。原名元勋，号慈圆，又号石楼。浙江临海人，通日、英、德、梵、俄文，一生佛学著作等身。25岁毕业于杭州府中学堂，后办私立小学和赤城初级师范，兼任各校教师；捐资并赠书创办了临海图书馆。项士元长期辗转江浙等地从事教育、新闻和史志方面的研究工作。中华人民共和国成立后主持台州文管会，任浙江省文史馆馆员。所著《浙江新闻史》是中国最早的新闻史之一。

见表1[①])。

从新闻学著作本身来看，许多民国新闻学书籍正是新闻实践和新闻教育的直接产物：国人自撰的第一部新闻采访学专著——《实际应用新闻学》根据邵飘萍在北京大学新闻学研究会和平民大学新闻系的讲稿所著，《新闻学总论》一书则根据邵氏国立政法大学的新闻学讲义整理而成；周孝庵[②]根据自己在复旦大学的新闻学讲义编著了《最新实验新闻学》；郭步陶[③]的《本国新闻事业》是上海市私立申报新闻函授学校讲义之十一；而《新闻学的基础知识》本就是中美日报读讯会[④]为新闻学自修者所出版的教材《实用新闻学讲义》之一；储玉坤的《现代新闻学概论》则是专门为大学新闻理论教科书而编写的（详见表2）。

正是由于早期新闻学人兼新闻实践、新闻教育、新闻研究于一身，才能为理论教学与著述提供最鲜活的案例，促使新闻实践经验迅速融入新闻学理论研究。这是近代中国新闻学迅速发展的重要因素，对于当今的新闻学研究、新闻学教育工作也有重要启示。

本丛书编委会邀请相关领域资深专家进行研讨，认真甄选了书目，仔细进行了版本比较和甄别，从而保证了本丛书较高的学术权威性。

由于历史的局限，民国新闻学书籍的不足是明显的，如学术理论不成熟、部分话语和话题打上了深深的时代烙印等；又因书中涉及的新闻稿件写作于特定历史环境和历史年代，其表达方式不严谨亦不可避免。盖所选书目皆是历史文献，我们在审校中尽量保持其历史原貌，不做大的删改；对极个别对马克思

---

① 李秀云．留学生与中国新闻学［M］．天津：南开大学出版社，2009：239-251．本书中李秀云整理了民国期间从事新闻学研究的留学生44人，并分析其留学国别构成、专业构成、新闻实践经历、从教经历等。

② 周孝庵（1900—1973），佛教学者、律师、报人。松江府人。毕业于江苏省立第一商业学校。历任上海时事新报馆记者、编辑、主编，著《最新实验新闻学》。1928年秋被复旦大学聘为新闻学教授。曾于上海法政大学获法学学士学位，1930年兼律师。1932年主编上海《新闻报》“法律质疑”栏目、编著了《法律质疑汇编》。上海沦陷后，曾氏关闭了律师事务所，潜心佛学研究。

③ 郭步陶（1879—1962），原名成爽，后改名惜，字步陶。四川隆昌人。名记者、新闻研究者。1911—1917年任《申报》编辑，1917年任《新闻报》编辑主任、主笔。1930年任教于复旦大学新闻系。上海沦陷后赴香港，任职于《申报》（香港）、《星岛日报》；1939年创建中国新闻学院（香港）并任院长。抗战胜利后回沪任教于复旦大学、新中国学院。

④《中美日报》是“孤岛”时期的国民党报纸，为躲避日伪新闻检查，在美商罗斯福出版公司招牌下运作，副刊有《集纳》《堡垒》等。1938年11月创刊，1941年12月停刊，1945年8月复刊，次年4月终刊。总编先后为杨励民、查修、詹文浒，总主笔周宪文，执笔者有储玉坤、章丹枫等。胡道静曾任英文编辑。报社读讯会为自修新闻学的读者出版了《实用新闻学讲义》，共计10种，对编辑术、采访术、评论作法、新闻写作、新闻学史、剪报工作等都有专篇论述。

主义、共产党等的不适当叙述已进行了删除处理。

本丛书规模较大，从策划项目、搜集资料、校订编纂到审稿成书，历时两年有余。这50本书可能并非本本经典，其中有些内容亦有重复、雷同之处，但瑕不掩瑜，它们对于研究中国新闻学功不可没，作为新闻史资料极具研究价值。感谢中国传媒大学出版社和安徽大学新闻传播学院诸位老师的辛勤付出，也希望读者在本丛书中能读出更丰富的内容，获得启发并更深入地思考。

丛书主编　芮必峰

2018年5月7日

附表：

表1　著者受教育、从业、从教及著述情况列表

序号	姓名	是否留学及留学国家	从业经历	从教经历	著作
1	徐宝璜	美国密歇根大学，经济学、新闻学	北京《晨报》主笔	北京大学新闻学研究会、北京平民大学新闻系	《新闻学》《新闻事业》
2	戈公振	1927年赴美国、日本考察新闻事业	首创《图画时报》、“上海新闻记者联合会”会长、《申报》总管理处设计处主任兼《申报星期画刊》主编	上海南方大学新闻系、上海国民大学新闻系、复旦大学新闻系、上海沪江大学商学院、上海民治新闻学院	《新闻学撮要》《中国报学史》《新闻学》
3	邵飘萍	东京政法学校	《汉民日报》主编、《时事新报》《申报》《时报》主笔、创办“北京新闻编译社”、《京报》社长	北京大学新闻学研究会、北京平民大学新闻系、国立法政大学	《实际应用新闻学》《新闻学总论》
4	吴定九	日本名古屋工业专门学校土木工程	主持《京报》	北京平民大学新闻系、国立法政大学	《新闻事业经营法》
5	谢六逸	日本早稻田大学东洋文学史	《立报》文艺副刊《言林》主编、《国民周刊》《趣味》周刊主编	复旦大学新闻系、申报新闻函授学校、国立社会教育学院新闻系、暨南大学新闻系、大夏大学新闻系	《实用新闻学》《国外新闻事业》《新闻储藏研究》
6	黄天鹏	日本早稻田大学新闻系硕士	在北平创刊《新闻学刊》并担任主编	复旦大学新闻系、上海沪江大学商学院新闻学科	《新闻文学概论》《中国新闻事业》《新闻学入门》《新闻学概要》
7	赵敏恒	美国科罗拉多大学文学院、密苏里大学新闻学院、哥伦比亚大学新闻学院攻读英国文学和新闻学，并获新闻学硕士学位	纽约环球通讯社编辑，后加入路透社。“九一八”事变后为美国国际新闻社、伦敦《每日电讯报》《朝日新闻》等供稿。1945年10月任《新闻报》总编辑	复旦大学新闻系、中央政治学校新闻系、暨南大学新闻系	《外人在华的新闻事业》

续表

序号	姓名	是否留学及留学国家	从业经历	从教经历	著作
8	周孝庵	无	历任上海时事新报馆记者、编辑、主编；主编《上海新闻报》“法律质疑”栏目	复旦大学新闻系、新闻大学函授科	《最新实验新闻学》
9	张友渔	1930年、1932年、1935年多次赴日学习新闻学、考察日本新闻事业	《世界日报》编辑、《大同晚报》总编辑、《国民晚报》社长、《泰晤士报》总编辑、《新华日报》社论委员	燕京大学新闻系、北平民国学院新闻系	《新闻之理论与现象》《日本新闻发达史》
10	袁殊	日本新闻专科学校、早稻田大学历史系	创办《文艺新闻》《译报》、新声通讯社记者	上海自修大学新闻专科	《记者道》《学校新闻讲话》《新闻大王赫斯特》《新闻法制论》（译）
11	胡愈之	1928年法国巴黎大学攻读国际法	《东方杂志》编辑、创办《公理日报》、哈瓦斯通讯社远东分社中文部编辑主任、主编新加坡《南洋商报》		《胡愈之出版文集》
12	储玉坤	留法	《新闻报》编辑、《文汇报》编辑、法国哈瓦斯通讯社中国分社编辑、《文汇报》总主笔、《申报》主笔、法国新闻社远东分社中文部主任	中国新闻专科学校、沪江大学新闻系、之江大学新闻系、致用大学新闻学系	《现代新闻学概论》
13	任白涛	日本早稻田大学政治经济学	创办中国新闻学社、《新湖北日报》总编辑		《应用新闻学》《综合新闻学》
14	曹用先	美国密歇根大学①	上海商务印书馆编辑所②	大夏大学③	《新闻学》

① 毛彦文. 往事［M］. 北京：商务印书馆，2012：28.

② 雪林. 一段值得介绍的婚姻（红藏·生活·第四卷第三十八期）［M］. 湘潭：湘潭大学出版社，2014：435-437.

③ 毛彦文. 往事［M］. 北京：商务印书馆，2012：28.

续表

序号	姓名	是否留学及留学国家	从业经历	从教经历	著作
15	王文萱	留日[①]	《经世日报》[②]	国立社会教育学院新闻系[③]	《新闻概论》（译）
16	伍超	留美 “攻读新闻科”[④]			《新闻学大纲》
17	郭步陶	无	《申报》编辑、《新闻报》编辑主任兼主笔、《申报》（香港）、《星岛日报》编辑	复旦大学新闻系、《申报》新闻函授学校、中国新闻学院（香港）、新中国学院	《本国新闻事业》
18	任毕明[⑤]	无	《民国日报》《时报》《快报》主笔、《大众日报》总编辑	香港中华新闻学院	《战时新闻学》《评论学十讲》
19	赵君豪[⑥]	无	《申报》副总编辑	上海商学院新闻专修科、复旦大学新闻系、上海法政学院新闻专修科	《中国近代之报业》《上海报人的奋斗》

① 杉村广太郎. 新闻概论·黄序［M］. 王文萱，译. 上海：联合书店，1930.

② 冯国定. 忆萧一山先生［M］//中国人民政治协商会议北京市委员会文史资料研究委员会文史资料选编（第43辑），北京：北京出版社，1992：104.

③ 苏州大学社会教育学院. 峥嵘岁月（第三集）［M］. 北京、上海、南京、苏州校会. 1991：229.

④ 伍超. 新闻学大纲·自序［M］. 上海：商务印书馆，1925.

⑤ 任毕明，原名任大任，生于1904年，广东鹤山人。1925年在广西梧州创办《民国日报》，曾任《时报》《快报》主笔，主持过香港的《大众日报》。参与创办香港中华新闻学院，并任教。著作有《龙虎集》《风云集》《社会大学》《新社会大学》《战时新闻学》和《评论学十讲》等。

⑥ 赵君豪（1900—？）江苏兴化人。报人。“五四时期”求学于上海交通大学，经常给著名的《民国日报》副刊《觉悟》投稿，并与时任《觉悟》编辑的邵力子讨论种种社会改造问题。毕业后进入《申报》馆工作，抗战后任《申报》副总编辑。1929、1942年两度兼任复旦大学新闻系编辑教授；1930年兼任上海法政学院新闻专修科教授，讲授采访学；曾任《申报》新闻函授学校教授。1944年10月在重庆出版《上海报人的奋斗》。

续表

序号	姓名	是否留学及留学国家	从业经历	从教经历	著作
20	杜绍文[1]	无	杭州《民国日报》国际版编辑、《东南日报》《前线日报》主笔兼《新闻战线》周刊主编、《东南日报》总编辑、《文汇报》办公室主任	复旦大学新闻系	《新闻政策》《中国报人之路》《战时报学讲话》《国际新闻纵横谈》
21	胡道静[2]	无	《万有文库》编辑、上海通志馆编修、《通报》《中美日报》《大晚报》等报记者、编辑、撰稿人	上海法政学院新闻专修科	《上海新闻事业之史的发展》
22	张静庐	无	创办上海杂志公司并出任总经理		《中国的新闻记者与新闻纸》《中国近代出版史料》《中国现代出版史料》《中国出版史料》《在出版界二十年》
23	萨空了	无	《北京晚报》编辑记者、《世界日报》画刊编辑、《世界画报》总编辑、天津《大公报》艺术半月刊主编	民国学院新闻系、北京新闻专科学校	《科学的新闻学概论》

① 杜绍文（1909—？），又名杜超彬，广东澄海人。1927年入复旦大学中文学新闻组学习，1931年留校助教。后任杭州《民国日报》国际版编辑、资料室主任、浙江《东南日报》主笔。抗战期间主编浙江战时新闻学会会刊《战时记者》月刊,《国民日报》总编辑、社长；抗战胜利后任上海《前线日报》主笔兼《新闻战线》周刊主编。1946年至1951年间任复旦大学新闻系教授，1952年任上海《文汇报》记者、编委办公室主任。著有《新闻政策》《中国报人之路》《战时报学讲话》《国际新闻纵横谈》。

② 胡道静（1913—2003），安徽泾县人。1931年毕业于上海持志大学国语系。曾参加《万有文库》编辑和上海通志馆编修工作。"孤岛"时期坚守上海新闻界抗日宣传工作，任《通报》《中美日报》《大晚报》《密勒氏评论报》记者、编辑、撰稿人，同时在上海法政学院新闻专修科讲授新闻史课程，为共产党的抗日宣传培养新闻干部。1949年后历任中华书局上海编辑所编辑、上海人民出版社编审等。

续表

序号	姓名	是否留学及留学国家	从业经历	从教经历	著作
24	管照微[①]		复旦大学校刊编辑、1931年兼任上海新闻社记者	兰州大学经济系	编《新闻学论集》
25	项士元				
26	蒋国珍	疑为《中国新闻发达史》的译者而非著者[②]			
28	李公凡	不详			
27	鲁风	不详			
28	刘元钊	不详			

① 管照微，高中就读于上海立达学园，曾与王济深、刘仲达、唐旭之等先后组织了"时潮社"和"立达剧团"。后进入复旦大学新闻系学习，与伍梦窗、林楚君、向浦、徐之津等加入了复旦大学"左联"，并负责复旦大学的校刊编辑工作。1933年12月21日因宣传左翼思想被捕，后任教于兰州大学经济系。

② 虞文俊是东亚中国新闻史研究第一人。《中国新闻发达史》译者蒋国珍初考［J］. 新闻界，2015（15）.

表2　书目

序号	年份	书名	作者	备注
1	1903	新闻学	〔日〕松本君平 著	
2	1913	实用新闻学	〔美〕休曼著 史青译	
3	1919.12	新闻学	徐宝璜[①] 著	北京大学 新闻研究会讲稿
4	1922.11	应用新闻学	任白涛[②] 著	
5	1923.8	实际应用新闻学	邵振青 著	北京平民大学、 国立法政大学讲义
6	1924.4	新闻事业	徐宝璜 胡愈之 著	
7	1924.6	新闻学总论	邵飘萍 著	
8	1925.1	新闻学大纲	伍超 著	
9	1925.2	新闻学撮要	戈公振[③] 编	
10	1927.9	中国新闻发达史	蒋国珍 著	
11	1927.11	中国报学史	戈公振 著	
12	1928.9	中国的新闻纸	张静庐 著	
13	1928.11	最新实验新闻学（上）	周孝庵 著	复旦大学新闻系
14	1928.11	最新实验新闻学（下）	周孝庵 著	复旦大学新闻系
15	1930.4	新闻事业经营法	吴定九 著	
16	1930.5	新闻概论	〔日〕杉村广太郎 著 王文萱 译	

① 徐宝璜，中国新闻学者、新闻教育家。1912年毕业于北京大学，后公费留美，于密歇根大学攻读经济学、新闻学。徐宝璜在美国密苏里大学受过系统的新闻学教育。

② 任白涛，笔名冷公、一碧，河南南阳人。1911年辛亥革命后，先后担任上海《民立报》《神州日报》《新闻报》驻河南特约通讯员，参加当地反袁活动。1916年留学日本，在早稻田大学攻读政治经济学，并加入了大日本新闻学会。

③ 戈公振所著的《中国报学史》最早由上海商务印书馆出版，是研究新闻学和我国新闻事业发展史的开山之作，国内外新闻界将之誉为中国首部新闻史学权威著作。任教上海国民大学期间，戈公振开始着手《中国报学史》一书的写作。在从事新闻工作之余，戈公振致力于新闻教育事业和新闻学研究工作，曾在上海国民大学、南方大学、大夏大学、复旦大学等校新闻系和杭州暑假报学讲习所讲授新闻学方面的课程，在新闻学研究上留下了许多著述。

续表

序号	年份	书名	作者	备注
17	1930.8	中国新闻事业（上）	黄天鹏[①] 著	
18	1930.8	中国新闻事业（下）	黄天鹏 著	
19	1930.8	新闻纸研究	〔日〕后藤武男 著 俞康德 译述	
20	1930.9	浙江新闻史（上）	项士元 编	
21	1930.9	浙江新闻史（下）	项士元 编	
22	1932.7	学校新闻讲话	袁殊 著	
23	1932.8	外人在华的新闻事业	赵敏恒 著	
24	1933.4	新闻学入门	黄天鹏 著	
25	1933.10	新闻学论集	管照微 编	复旦新闻学会丛书
26	1935	实用新闻学（上）	谢六逸[②] 编	申报新闻函授学校讲义之三
27	1935	实用新闻学（下）	谢六逸 编	申报新闻函授学校讲义之三
28	1934.1	新闻学	曹用先	
29	1934.2	新闻学概要	黄天鹏 编	复旦大学讲义、上海沪江大学新闻学专修科
30	1935	上海新闻事业之史的发展	胡道静 著	
31	1936.5	新闻学讲话	刘元钊 编著	

① 黄天鹏，字天鹏，别号天庐。1927年1月，他创办了我国首个新闻学刊（1929年扩改为《报学月刊》）并任主编；他是我国新闻学术史上最早研究新闻学之产生及发展史的学者，是我国具有新闻学术史观的第一人。他于1923年就读于北京平民大学报学系，1929年留学日本,修业新研究所,旋入早稻田大学新闻系。归国后出版了《新闻文学概论》《中国新闻事业》《新闻学入门》《新闻学概要》等十余本新闻学专著。

② 谢六逸，中国现代新闻教育事业的奠基者之一。著名的作家、翻译家、教授。1917年以公费生身份赴日就读于早稻田大学。1922年毕业归国，入商务印书馆工作。后历任神州女校教务主任及暨南大学、复旦大学、大夏大学教授。1930年任复旦大学中文系主任，并创设了后来闻名海内外的复旦大学新闻系，任主任。

续表

序号	年份	书名	作者	备注
32	1936	本国新闻事业	郭步陶 编著	申报新闻函授学校讲义十一
33	1936.6	新闻之理论与现象	张友渔 著	
34	1936.11	记者道	袁殊 著	
35	1937.7	现代新闻学概论	储玉坤 著	国民党政府唯一指定大学新闻理论教科书
36	1938.7	战时新闻学	任毕明 著	
37	1938.9	中国近代之报业（上）	赵君豪 著	
38	1938.9	中国近代之报业（下）	赵君豪 著	
39	1938.10	基础新闻学	李公凡 著	
40	1939.7	中国报人之路	杜绍文 著	
41	1940.4	新闻学	戈公振 著	1932 年完稿，另有 1947 年版
42	1941	新闻学的基础知识（上）	中美日报读讯会 编	中美日报读讯会实用新闻学讲义
43	1941	新闻学的基础知识（下）	中美日报读讯会 编	中美日报读讯会实用新闻学讲义
44	1941.7	综合新闻学 1	任白涛 著	
45	1941.7	综合新闻学 2	任白涛 著	
46	1941.7	综合新闻学 3	任白涛 著	
47	1944.9	新闻学	鲁风 著	新中国自修学院约稿
48	1946.6	科学的新闻学概论	萨空了 著	另有 1945.3 出版的署名艾秋飚的版本
49	1946.11	新闻史上的新时代	胡道静 著	
50	1947.12	新闻学的理论与实际	〔英〕斯蒂德 著 王季深 吴饮冰 译	上海文化函授学校读本

上海市通志館期刊抽印本 上海新聞事業之史的發展

目錄

上海新聞事業之史的發展

一　報紙的始創

(1)外僑報紙的先導

上海開港後的第七年，一八五〇年即清道光三十年英國僑民發行北華捷報，(North-China Herald)開始爲本地造成第一種新聞紙。「捷報」第一號中所載的是一百五十七個僑滬外人的名單，並且愉快地報告着美國海船「望海號」(Sea Watch)到岸的消息。[1] 一八六七年，同治六年美僑的第一種新聞紙「上海通信」(S'hai News Letter)出現，它的任務是專載商船運輸的消息，和美國人來華的名單。[2]——這些事實，就是說明了上海能夠有和開始有現代新聞紙的原因：當年外僑遠適異域，在東方的一個不同文化的地域上造成了他們的新社會，在這一個團結之間，就少不了一種新聞紙來做鏈索，何況他們是從久已有了現代新聞紙的國家裏來的呢。但是這種舉動的目的乃至效果，都祇是只限於外人的，因爲外人辦報紙，不過要做僑民間呼應的機關，而中國人也從不去理睬這種新刊物，依舊過着他們封建時代的文化生活。

(2)華文報紙的始創

---

1. G. Lanning and S. Couling: The History of Shanghai, p. 406.
2. Thomas M. H. Chao: Foreign Press in China, p. 95.

但是這種外人在滬新聞事業，不久便打破中國的閉關了。

因爲外僑和華人商業關係日益密切的緣故，便促進了上海華文報紙的產生。一八六一年（清咸豐十一年）北華捷報之發行者字林洋行另出一種「上海新報」，這便是上海華文報紙的起始。上海新報的發刊啓事說：『大凡商賈貿易，貴乎信息流通。本行印此新報，所有一切國政軍情，市俗利弊，生意價值，船貨往來，無所不載。類如上海地方五方雜處，爲商賈者或以言語莫辨，或以音信無聞，此致買賣常有阻滯。觀此新報，卽可知某行現有某貨，定於某日出售……』這就是證明着上海的華文報紙的發動是由於外商推廣營業而起的了。

一八七二年（同治十一年）英人美查創辦申報，同年上海新報消滅。一八八二年，英文字林報館發刊字林滬報。一八九三年（光緒十九年）英人丹福士等發起新聞報。[3] 在維新運動（一八九五年卽光緒二十一年）以前，申報，滬報，新聞報是上海報界的三條台柱。其間雖然還有幾種國人經營而托名外人的報紙，但都是不久就消滅，並且沒有獨立的精神留下來。

這時期上海華文報紙的特徵是：（一）都是外人經營的，當作和華人貿易之一種；（二）內容亦着重於商品的宣傳；（三）沒有中心主張，且不敢談政治。但是其效果却推進了中國的文化，奠定了上海新聞事業的基礎。

（3）教會報的影響

3. 參看本期刊，第二年，pp. 220—21.

當外人商業勢力侵入上海時，基督教的勢力也一同擠了進來。在先，當十七世紀初年，舊教入中國時因傳教的方法由上行下，故重在著書；此際新教來華則由下行上，故重在辦新聞雜誌。在「上海新報」出版前四年，上海就有偉烈亞力主編的「六合叢談」出版；以後此類刊物更陸續不斷的出現。[4] 它們對於上海新聞事業的發展有着以下的各種意義：

(A)中國的智識階級在那時候是完全沒有創辦新聞業的觀念的；而西教士中，多有精通中國語文者，由於他們的倡導，中國報紙始能出現。最早的中文報章雜誌，不獨宗教性質的是西教士所編，卽商業性質的亦非西教士助編不行，如上海新報所聘的主筆林樂知，就是着名的西教士；而申報的創辦人美查，據說也是英國教會的牧師，[5] 這是很可注意的。

(B)教會報雖在重宗教宣傳，但都附載時事新聞。由於信教者的擴張，新聞的功效之觀念乃隨着宗教宣傳品深入於社會各方面。

(C)教會報因對着各方面宣傳，所辦雜誌亦各各不同，有專給婦女讀的報，有專給兒童讀的報，有專談科學的雜誌。這也是促進戊戌政變後中國各科雜誌發達的一個原因。

(4)新聞業周遭的壓力

4. 參看本期刊，第一年，p. 204.

5. 蔣國珍：中國新聞發達史，p. 17.

除開教會報外，當時辦報館者的目的，僅在牟利；做主筆的，也兢守着「省事」的信條。但是這新興的現代文化產物，依然遭到封建社會的痛惡與排擠。一八七七年三月二十八日（光緒三年二月十四日）申報的社評訴述它的痛苦說：『自申報創設一二年中，猶往往有登載報中之事，無論官場民間，爲本人所見，將與申報爲難。』可見那時候舉辦公開的報告的事業是怎麼樣的困難。

姚公鶴所著上海閒話，記載當日報界所遭官場及社會的反響很多，今彙錄其文於下：

昔左文襄在新疆，由胡雪岩介紹向洋商借款一千二百萬，滬上報紙頗有非難。（原注光緒間上海不僅申報一家，有匯報，有益報，又有中西文合刊之報，左借款在前清光緒初年，其時現存之報若干家，是何報名，或不可考，然不止申報一家則可必也）大兵事借款，最爲非計，特彼時朝野上下，知此者鮮。無論借者不明斯義，即反對者亦祇知以中朝向外國貸款爲有失體面，直不過無的之矢，雙方均屬懞昧而已。然文襄聞有反對者，即大怒不止，故其與友人書，有「江浙無賴文人，以報館爲末路」之語。其輕視報界爲何如？惟當時並不以左之詆斥爲非者，蓋社會普通心理，認報紙爲朝報之變相，發行報紙爲賣朝報之一類，（賣朝報爲塘驛雜役之專業，就邸鈔另印以出售於人，售時必以鑼隨行，其舉動頗猥鄙，而所傳消息亦不可盡信，故社會輕之）故每一報社之主筆訪員，均爲不名譽之職業，不僅官場仇視之，即社會亦以搬弄是非輕薄之，宜文襄之因事大肆其譏評也。

英使郭嵩燾在倫敦畫像，爲彼國報紙所譏諷，申報載之，大費交涉。

江南提督譚碧理往來松滬，爲報紙所紀載，即命人與報館交涉，不得登載，後又行文總督，大

肆詆譭

光緒七年十二月，江蘇學政黃某考試文童，於向例正場出圖之後卽行覆試，改爲正場之後先行懸牌提覆，於正額之外溢取若干名，俟提覆之後再行出圖。申報著論譏之，以爲徒多周折。黃某閱報大怒，特發告示，令會審公廨張貼申報館前。

(5)新聞人的生活和待遇

現在人家譽記者的職業爲「無冕之王」，做主筆或記者的也都是有特殊的新聞學識的人。但在那封建文化和現代文化接觸的當兒，新聞事業尙是一種新興的職業，那時自然沒有專門的新聞學者，於是記者的職業都是由文人去做，而當時優秀一點的文人都去投奔科舉之路，所以賸下來肯當報館記者的，不過是佯狂之士或者是落拓文人罷了。

同時，作爲商業營利手段的報館，對於新聞人的待遇，也是非常的儉約。前申報館記者雷瑨述該館尙在外人主辦時代的狀況說：

「當時申報房屋本甚敝舊。惟西人辦公處尙軒爽潔淨。若吾輩起居辦事之室，方廣不逾尋丈，光線甚暗，而寢處飲食便溺悉在其中。冬則寒風砭骨，夏則爍熱如爐。最難堪者，臭蟲生殖之繁，到處蠕蠕，大堪驚異，往往終夜被擾，不能睡眠。

「館中例不供膳，每日三餐，或就食小飯肆，或命僕人購餐於市肆，攜回房中食之。所謂僕人者，實即館中司閽而兼充主筆房同人差遣奔走，並非專司其事之館役也。

「薪水按西歷發給至豐者月不過銀幣四十元，餘則以次遞降，最低之數，祇有十餘元，而飯食茗點茶水洗衣薙髮與夫筆墨等等無不取給於中。生涯之落寞，蓋無有甚於此者。」[6]

這種情形，雖未必每個報館都這樣，但是設備上的簡陋，薪俸上的菲薄，大都是差不多的。至於新聞人的業餘生活如何呢？前新聞報主筆孫玉聲所著的報海前塵錄中，記載當年名主筆的軼事如下：

霧裏看花客錢昕伯、高昌寒食生何桂笙，皆曾任申報總編纂之職，二人皆嗜音律，各能歌崑曲，嘗互賞周鳳林徐介玉二伶。……桂笙亦嗜京劇，與諸名伶相往還，日近不便入座視劇，每入後台諦聽之，遇佳處必擊節稱賞，越日爲文刋諸報中，使之頓增聲價。

縷馨仙史蔡爾康，邑之名廩生，無如文章憎命，秋闈屢薦不售，不得已乃投身報界。……善飲酒，且好拇戰，中年時雅喜修飾，出必衣服麗都，遇宴會每徵花侑觴，至沈醉始已；以是北里名花，幾無有不識其人者。

夢畹生黃式權，平生最嗜觀劇，在申報任筆政時，嘗撥暇著有粉墨叢談行世，評隲生旦淨丑諸伶，至公至當。

6. 申報館：最近之五十年，第三編，p.28.

這種生活本來是舊時代文人的習氣，但因他們的生活形態決定了他們的社會觀念，所以當他們總持報紙筆政的時期，新聞業總是停留在那新的形式舊的內容的階段內，沒有進展。

二　憲政運動

(1)政黨報紙的初現

現代報紙剛在中國產生時，中國的社會政治尚停留在前一個階段裏，不能和這一種新興的文化產物相呼應。直到中國的社會政治起了變更後，新聞業始躍進於第二階段。

一八九四年（光緒二十年甲午）中日戰爭之役，中國大敗，顯露了滿清政府的腐敗無能，於是社會上的智識階級譁然起來，覺得非變法自强，不能圖存。政治團體開始出現，而為吸收同志鼓吹主張的報紙也就經過編輯室印刷機廣播出來了。

此時活動得最有力的是康有為，他組織强學會，主張維新政制。他的手段，一面去抓住皇帝，一面向士大夫階級中廣求同志，而辦報就是他活動的樞紐。强學會章程裏特地指明刊布報紙的方針：

「陳文恭公勸士閱邸報以知時務，林文忠公常譯澳門月報以覘敵情。近來津滬各報，取便推俗，語涉繁蕪；官譯新聞紙，外間未易購求。今之刊報，專錄中國時務，兼譯外洋新聞。凡於學術治術有關切要者，巨細畢登，會中事務附焉。」[7]

---

7. 舒新城：中國教育史料，第四冊，pp. 144—45.

根據此項方針，康氏於是在上海創辦强學會報，其內容迥非流行的報紙可比，但强學會被守舊派所忌，迫使停閉，該報亦隨之中止。康氏的學生黃遵憲、汪康年、梁啓超、麥孟華、徐勤等又在上海組織時務報，執筆者悉爲聲光炳然之士，所辦報紙，大受社會敬仰。新聞紙在社會上的地位陡然變易，上海閒話中記其事云：

「至戊戌維新，乃爲上海報界放一異彩。其時康南海（有爲）梁新會（啓超）以時務報提倡社會；社會之風尚既轉，而日報亦因之生色。加以添設之日報加多。政見上雖無爭執，而營業上頗有比較。暨乎新黨當國，（指一八九八年）政治上之祕密日以揭破，前此賤視新聞業而設種種限制之習慣復悉數革除。……」

(2)人民言論的發達

康氏的政治運動旋遭失敗，乃努力於在野運動；同時各地覺悟份子漸多，都拋棄科舉末道，從事於推進新社會的工作。當此時，學會風起雲湧，報章雜誌亦頓呈活躍之觀。張之洞勸學篇說：

「乙未（一八九五年即光緒二十一年）以後，志士文人，創開報館，廣譯洋報，參以博議。始於滬上，流衍於各省。內政外事學術皆有焉。雖論說純駁不一，要以擴見聞，長志氣，滌懷安之酖毒，破捫籥之瞽論。於是一孔之士，山澤之農，始知有神州；筐篋之吏，烟霧之儒，始知有時局，不可謂非有志四方之男子學問之一助也。」

從一八九六年（光緒二十二年）到一九一一年，（宣統三年）上海新聞事業進展中第二階段的出版物，有如下列：

蘇報 國民日日報 俄事警聞 警鐘日報 時報 神州日報 中國公報 新世界日報 指南報 維新報 博聞報 愛國日報 華洋報 申江日報 少年中國報 獨立報 江浙匯報 蘇海彙報 民呼報 民吁報 民立報 天鐸報 民意報 時事報 輿論日報 輿論時事報 海上日報 時事新報 國民公報 商務日報 南方報 世界通報（以上日報）

農學報 藝學報 算學報 中外算報 實學報 萃報 工商學報 商務報 江南商務報 政藝通報 國粹學報 普通學報 通學報 學報 新學報 格致新聞 新世界學報 政治學報 集成報 求是報 女學報 外交報 求我報 蒙學畫報 新中國白話報 大陸 教育世界 教育雜誌 中外大事報 五洲時事彙報 揚子江叢報 新小說 科學世界 東方雜誌 譯林 選報 衛生報 預備立憲公會報 書畫譜報 歐美法政介聞 飛影閣畫報 飛雲閣畫報 政論 國風報 民聲雜誌 進步（以上雜誌）

以上各種報章雜誌，一部份是因外侮激刺，倡議維新；一部份則因滿清頑固，昌言革命。但是在一八九六年至一八九八年間，彼此都是一家講新學的，並無革命保皇之分。及戊戌政變後，康梁以勤王除奸爲標幟，於是持民族主義者始闢其非而有革命與立憲兩派激烈的論戰。

這個時期報紙的特徵是：

(A)執筆者大都懷着憂慮國家之心，目覩棟折榱崩的阽危，因此感傷之情與奮鬥之氣，自然流露於字裏行間，所以感人最深，發生影響也最速。

(B)一則是多數報紙都是以捐款創辦的，非以牟利爲目的；一則是各報都有鮮明的主張，能聚精會神以赴之。8

(3)閱報者程度的進步

報紙的編制進步和社會及讀者的進步，是成爲連環，相互影響的。在這彼此推進中，新聞業就逐漸的進展。所以明瞭閱報者程度進步的情形，是可以幫助了解新聞業的進展的。

一九〇六年二月五日（光緒三十二年正月十二日）申報發表「論閱報者今昔程度之比較」題目的社論，是一篇有價值的參考文字，今將其要點製表如左；雖當日以爲進步者，今日看來殊不是那麽一回事，然而是眞實的表現了當時的意識形態：

	政府
昔日	對於報紙之意見，視爲敗類，不齒新聞記者於士林。
今日	頒報律以維持之，飭設官報以倡率之。兩宮時常遍閱報紙，留心各省官吏之賢否。幷聞政府諸公有老耄而目力不足者則使人讀而聽之，其重視報紙於此可見。

8. 戈公振：中國報學史，pp. 115—16，p. 179.

官場	學界	工商界	農民
對於報紙之意見，恐有以發其覆也，則深惡而痛忌之。其強橫有力者，多方以中傷之，而有挺主筆封報館之計；劃其懦怯無能者，百計以運動之，而有進賄賂通關說之陋習。	士人對於報紙之意見，平時則視爲供消遣作談資而已。所留心者，考試時之試題及榜案而已。與學問無關焉。	對於報紙之意見，視若無覩焉。非無視也，能解識報章之文義者鮮也。即稍有能讀新聞紙者，不過喜看盜案之新聞耳，奸淫案之新聞耳。間有登錄無稽讕言，街頭巷語，則拍案而叫絕。	不知有所謂報紙
雖不能盡絕此等思想，然其大半則已知報章之爲公理，而非以逞私見。故漸有據報章之記錄而形諸公牘，以爲案證者矣。	學界之留意於報紙者甚廣，凡內政外交及一切學務興革諸事皆取資於是，視爲求學之急務，而不肯一日間斷也。	亦留心社會之狀況，市面之盛衰，工商之發達與否，并有能關心時局，而一班普通見識，逐漸進步，知報紙之有益矣。	漸知有報紙。聞講報社之講演，則鼓掌歡呼，惟恐其詞之畢，而恨己之不能讀者。

（4）報界慶祝立憲大會

自中日戰爭後，舉國人士對於救國的路線，都認定只有要求政府立憲才有辦法；無如是時政權爲淸慈禧太后所獨攬，決不肯使立憲實現。但是歷經一九〇〇年（光緒二十六年）的義和團事變和一九〇四年（光緒三十年）的日俄戰爭，大家對於立憲的功效的信力愈堅，慈禧亦不再能維持其表面的頑固，於是在一九〇六年九月一日（光緒三十二年七月十三日）下詔預備仿行憲政。這使一般士大夫階級頗爲歡忻。上海報界覺得數年以來，「以中國專制之政體實爲貧弱之一大原因，乃時時以改立憲政聒其朝野久之而國民之智識大開，朝廷之制治亦漸知所變，」所以這回政府決然宣示立憲之諭，未始非報紙殫心苦口疏通國政的功效，因此申報、同文滬報、中外日報、時報、南方報聯合發起「報界慶祝立憲會」於九月十六日（七月二十八日）假座味蒓園（即張園）舉行。9 此時上海剛巧沒有革命派的報紙存在，故偏向於主張立憲的報紙居然代替了報界全體。但這一次慶祝會也就是他們對於要求滿清政府立憲之希望的沸點，過後便逐漸冷縮下去了。因爲慈禧根本非誠意的變法，而是以遷延的辦法來緩和潮流，尤其是重要的政權仍然由滿人把持着不肯讓渡與漢人。這便證明了另一條救國的路線的準確性了。

遠在十年以前，孫中山先生就已看清楚要救中國，非把滿清政府推翻，建立起民主國家來不可，於是他便在海外運動革命。但是那時一般的智識階級還都期望着緩和的改革，直至十年來屢經國變，始步步的證明孫先生的路線準確。報紙是社會的代表，它最能表現這種風向，上海報紙小史說：「庚戌辛亥間，（一九一〇年至一九一一年即宣統二年至三年）即立憲派之報，悉已一折而入於革命運動」而滿清政府的前途至此也就決定了。

三 民族革命

9. 申報，1906年9月14日。

（1）蘇報案

提倡民族革命的報紙，始於一八九九年（光緒二十五年）在香港出版的中國日報。[10] 三年後，革命志士大集於上海，於是有蘇報爲其宣傳機關；但是不久就遭着清廷的荼毒，這便是著名的蘇報案。

A 革命黨在滬的活動

一九〇二年（光緒二十八年）春，寓滬志士章炳麟、蔡元培、黃宗仰（別號烏目山僧）等發起中國教育會，至秋冬之間，方組織完備。時駐日清公使蔡鈞正奉命遏抑留學生，吳敬恒等適東渡，就被迫回國抵滬；吳等深爲憂憤，因與中國教育會人士相商，自立學校，培植人才，復得羅迦陵女士助款，於是就在上海成立了愛國學社。同時，上海南洋公學學生貝壽同、穆湘瑤、胡敦復等，南京陸師學堂學生章士釗、林蠣等，都因學校當局干涉言論自由，相率退學，投入愛國學社。愛國學社則一反官立學校之所爲，社內師生都議論時政，放言無忌，於是滬上革命高潮，遂震盪東南學界。

前此，有江西鉛山縣知縣陳範（夢坡）因教案落職，來滬承辦日人經營的華文報紙蘇報。陳氏頭腦極清楚，同情於革命運動，請吳敬恒、章士釗主持筆政。此時愛國學社成了上海方面革命志士的匯集所，蘇報則成爲革命思想的傳播機關。[11]

10. 中國報學史，p. 154.

11. 馮自由：中華民國開國前革命史，上編，p. 130, p. 134；總理年譜長編初稿，p. 156.

一九〇三年（光緒二十九年）春夏間，清廷舉措愈乖，志士的行動也逐漸激烈，因此就引起清吏對於愛國學社和蘇報的忌恨。志士方面行動的經過是：

（甲）拒法大會　四月，（三月）廣西游勇土匪四起，勾合，巡撫王之春因軍務棘手，議借法兵平亂，幷貸洋款以充軍餉。是月末，（四月初）上海志士就遍發傳單，召集寄居滬上的兩廣人士在味蒓園集議，聯名電請兩江總督魏光燾即會同各省督撫由電奏請嚴行阻止。12

（乙）拒俄大會　五月，（四月）清廷在俄國脅迫之下簽訂新約，斷送了東三省的主權。上海志士即在味蒓園開拒俄大會。

（丙）革命軍　蜀人鄒容一九〇二年留學於東京，次年春因事返滬，適愛國學社成立，遂奔走其間，頗爲盡力。因俄人強逼改約，而清政府甘心賣國，遂發憤草「革命軍」一書，提倡推翻滿清政府。章炳麟爲之序，蘇報亦爲之介紹。13

清吏方面則江督魏光燾得志士拒法電後，立即電詢桂撫王之春；王覆電認爲是「一滬上匪徒造謠生事，事關大局，此等造謠之人，應請札道示禁，密拿訊辦。」14 魏復於六月二十日（五月二十五日）電陳查禁愛國會（即指愛國學社）演說，經外務部呈慈禧太后閱覽，批飭「嚴密查拿，隨時懲辦。」魏又覺得愛國會演說雖禁，「復有蘇報刊布謬說，而鄒容所作革命軍一書，章炳麟爲之序，尤肆無忌憚。」因飭一併查禁密拿。15 同時，商約大臣呂海寰又受王之

12. 申報，1903年5月5日。

13. 中華民國開國前革命史，上編，pp. 131—32.

14. 申報，1903 年5月5日。

15. 王彥威：清季外交史料，Vol. 173, p. 5.

春託，迭函蘇撫恩壽，說『上海租界有所謂熱心少年者，在張園聚衆議事，名爲拒法拒俄，實則希圖作亂；請將爲首之人，密拿嚴辦。』并開列名單，第一次中列蔡元培、吳敬恆等；第二次中列蔡元培、陳範、章炳麟、吳敬恆、黃宗仰等。[16] 於是一九〇三年的大事件「蘇報案」就在大捕志士和消滅革命黨機關的處置下發生了。

B 章炳麟等被捕

a. 上海道和領事團訂立拿犯條約

蘇報館設在漢口路，愛國學社設在跑馬廳北，都在公共租界地帶內；華官對租界內華人司法權的行使，久已遭租界當局的侵擾而喪失，凡華官在租界內拘提中國人犯，其拘票須經領袖領事副署，並由捕房協拿。[17] 江督蘇撫既奉拿辦愛國學社蘇報館志士的命令，却不能直接行使職權於公共租界內，他們爲詳慎起見，乃會派候補道俞明震赴上海，會同上海道袁樹勛去向領事團交涉副署拘票。各國領事因案犯爲國事性質，不允所請，俞袁二道「與各領事辯論至二點鐘之久，彼此堅持之意，均形詞色」。最後，「各領泛論，如果租界之案，在租界審如辦，尚可酌行，該道等迎刃而導」。於是訂立條約，謂：『所拘之人，須在會審公堂由中外官會審，如有罪，亦在租界之內辦理。』拘票乃經領袖領事副署，六月二十九日（閏五月五日）晚，由會審公廨交請巡捕房執行。

16. 中華民國開國前革命史，上編，p. 134.

17. 參看本期刊，第一年。p. 628—9.

b. 捉人的情形

六月三十日，閏五月六日 巡捕房分派中西警探多名，先赴愛國學社捕去章炳麟，繼赴蘇報館捕去司賬員陳吉甫，又赴派克路女學報館捕得陳範之子仲彝及女學報辦事員錢允生二人，同時復在福州路捕去龍積之一名。鄒容聞訊，卽自往捕房投到。陳範先已赴日本，黃宗仰躲在羅迦陵女士家中，蔡元培走柏林，吳敬恆走倫敦。愛國學社就此解散，[18] 蘇報則由章士釗，林蠣等暫行維持，照舊出版。[19]

七月一日，閏五月七日 巡捕房按向例將案犯章炳麟等送至會審公廨，由讞員孫士鏻和陪審官英領署繙譯迪理斯(B. Giles)會同審訊，章等已延律師博易(Haro'd Browett)出庭辯護。——清吏對此甚爲驚異，稱『竟有律師到堂爲之伸辯』[20]——華官卽欲移縣辦理，西官以有約在先，不允。律師亦謂訂期再訊，於是中西官相商，著仍還押捕房，候訊。[21]

c. 上海報界的表示

蘇報諸人以言論而召禍，是上海自有新聞紙以來第一次遭到的重大壓迫，也是清廷決心對新聞紙摧殘的表現：報界爲着自身的前途，自然應該有所爭持的。但當時各種報紙，多以營業爲目的，且主管者目光淺近，惟求自保，又對於一切新黨向無同情，所以對於這件事都似不關痛癢的無所表示。祗有中外日報，也是主張改革而在壓力下奮鬥着

18. 中華民國開國前革命史，p. 135.

19. 申報，1903 年7月7日。

20. 清季外交史料，Vol. 173, p. 5.

21. 申報，1903 年7月2日；中外日報，1903 年7月2日。

生長的，雖然它是屬於維新派的，和革命派的政見根本不同，可是目覩蘇報驟遭暴力壓迫，不免狐死兔悲之感；所以在蘇報被搜捕的次日，它就揭「近事慨言」一文於社論欄中道：

「秋雨時至，則百川泛濫；朔風怒號，則林木震動。國勢阽危，則羣言繁興，蓋自甲午以後，有識之士，見夫積弊之日深也，外侮之日逼也，內政之措置乖方也，外交之因應失宜也，于是刺取其所聞所見，指陳其缺乏，著之文字，公言不諱，將以是爲芻蕘之獻，作鞀鐸之用；當是時在位諸公，已莫不心焉疾之，而猶置諸度外，不遽與之計較者，非果其豁達大度，能受盡言也，特以草野之議論，與當軸之利害，每不相干涉，且吾國之淸議，蓋猶居於幼稚時代，其氣魄蓋甚弱，諸公亦知其然，故率置之不議不論之列，使旁觀者非疑其所言之爲蜚語，卽謂其所陳之爲謠言，故雖大受掊擊，而初無損於其毫末，若使一爲計較，則反將承認其缺失，而往復辯論之下，必致盡露其底裏，而無所容身，則不如置之不問之爲愈。此所以雖怒于心，猶不遽怒于言也。至于今而政府之無可依賴，愈覺情見勢絀；以京鎬之舊地，豐沛之故鄉，不惜拱手而讓諸人；而自餘一切措施，非特無望於撥亂反正也，卽求其救弊扶衰，亦且去之愈遠。于是年少氣銳之徒，見識較廣，心計較粗，痛心于棟折榱崩之險，深思夫載胥及溺之危，乃始擺脫繩羈，破壞藩籬，舉峨冠博帶之倫，規行矩步之士所萬不敢出諸口，萬不敢見諸紙墨者，一旦發洩宣露，無所顧忌，其宗旨旣鄰於激烈，其詞意亦嫌於偏宕，卽指爲「大逆不道」可也；使博採輿論，置之座右，覩爲起廢疾之良藥，箴膏盲之惡石，以勵其臥薪嘗胆之志振其朝乾夕惕之精神，亦無不可也。孔子刪詩，以溫柔敦厚爲教，而正月之篇曰：赫赫宗周，褒姒滅之；雨無正之篇曰：周宗既滅，靡所止戾；桑柔之篇曰：天降喪亂，滅我立王；以文王爲商之方伯，而蕩蕩上帝之篇述文王咨嗟殷紂之詞，詞旨重複，惟恐不盡；凡伯爲周之王官，而瞻卬召旻二篇，其刺幽王之過惡，何嘗稍留餘地？今一孔之士，肉食之徒，遽執言者而繩以天經地義之正誼，責以犯上作亂之罪名，竊當局之用心，豈不曰不如是不足以盡臣子之職任，而効忠于本朝哉？然而以梟雄之窺伺如彼，民心之不靖如此，使諸公果能內修政治，外靖覬覦，使我國易危而安，轉弱而强，置國家於磐石之安，以是爲忠于本朝可也；今不此之務，而徒與言者爲難，不悟隴畔歎息之聲，民間怨咨之語，方且日起而未有已，即日獲一人而殺之，亦復于事何濟？而轉足以激浮動之人心，貽惡名于政府，亦復何益之有？盍亦反其本矣！」

C　蘇報館被封

a.　封館的交涉與實行

清吏原擬於捕拿諸犯後，即將蘇報館封閉的，但也不能自由處置，因由公廨讞員欲求英陪審官的同意，但照租界習慣法，必須審定後，始能執行，當然不能違法先封。上海道之意以爲該報關係人既已拘審，而報館仍舊開立，「殊爲不合」，復與領事團多方相商，至七月四日，（閏五月十日）領事團始允「經公堂判定，速簽封館之票。」[22] **七月六日**，（閏五月十二日）上海道所聘的古柏律師（A. S. P. White-Copper）赴會審公廨，檢呈新出的蘇報數紙，自稱係代表中國政府，現因蘇報連日仍妄登悖逆不道之說，應請將該報發封，讞員孫士鏻就簽發封條，由英陪審官迪理斯副署，最後經英總領事簽字交工部局執行；[23] 可是工部局不允即行照辦，上海道乃飭公廨停訊，以爲抵制，[24] 據字林報說：『讞員心中大爲惶惑不安，恐以遲延之故干上海道之斥責，乃親至道轅，將此等情形面稟上海道，而不暇顧及別務。』這恐怕是一種幽默的說法——這樣，工部局纔於七日（十三日）上午十一時命巡捕房照辦。[25]

b. 外人的意見

蘇報被封之前，上海多數外人的意見，是以爲該報不能封禁的，如字林報於七月二日（閏五月八日）嘗論及此事謂：『華官之意，注重於封報館；但本館望報館不可封禁。若一旦封禁，則在內地釀害甚大，上海之華報館得西人保護，一旦忽被封禁，而其事爲頑固官員所聞，必定大樂而藉詞將其轄境內所有報館，不論善惡，均行封禁，如是則於維新之事大有阻礙也。』

但是那時候領事團的領袖美領古納（John Goodnow）頗爲守舊，與清吏同其臭味，前回訂立捕犯條約，和現在答應封報，均出於他於主張。他這種舉動，顯然激怒了許多美僑，以爲他不應如此輕蔑自由和人權，故上海泰晤士報於七月九日（閏五月十五日）發言云：

22. 清季外交史料，Vol. 173, p. 6.

23. 申報，1903 年7月7日。

24. 清季外交史料，Vol. 173, p. 6.

25. 中外日報，1903 年7月9日。

「本館思中國爲最大之國，將來最有可望然我等雖有期望中國之心，而於其所行不公之事，亦不能曲爲之諱，且本館甚不欲人之妄用其權勢，以壓制他人。乃今者竟有此事，則本館不能不助羔羊之力以抵禦豺狼之橫噬也。……現在蘇報館一事，如禾苗然，觀其禾穗之所向，即可知風力之所偏。此風力頗爲不小，而此風之惡毒，大有害於各人自主之權，而阻礙社會之進步。此惡風由何而起乎？此惡風者，專用其力，以壓倒青年愛國有熱心之士。此等惡風竟欲吹滅文明之影，以使世界復返於中古黑暗之原位而後已。設欲望中國之不瓜分，而成一文明強大之國，惟有望中國力開民智，推廣教育之事，保護中國之少年，令其能與近世思想之傾向相合，使中國人民咸得自立，使中國報館咸得自主。因報館之勢力甚大，即如美國其能致今日文明之進步者，亦報章之力居多。……若中國國家辦理中國維新黨之法，則余等大不以爲然，而現在我美國領事及英國領事亦干與其事，此等舉動，我等亦不以爲然。……現在蘇報館之封禁，或別有恰好之原因，惟我等不能决言之，因此案未經裁判也；即使報館當行封禁，亦必須在裁判定罪之後行之，今則未斷案而先封館，我等不知其合法否也。……美國之國法，本極主張平等自由之權利，現在上海之美總領事乃與中國官員同行此守舊之辦法，余等深爲惋惜之也。……本館深望居留上海之西人，應設法使租界中之報館及居民不失其自主之權，並設法阻止中國守舊官員在租界妄行其權之辦法！……」

同報又於七月十日（閏五月十六日）責難美總領事云：

「工部局此次于蘇報一案，辦理極爲公允，深可佩服。惟美國總領事於美國獨立開國之節日商量封禁蘇報館之事，竟忘此日爲其本國宣告獨立自由之第一大節期，而商行此等與國俗相反之事，且商定以後，即又衆人飲酒作樂，非凡快樂紀念美國獨立自主之快事；前後倒置，殊爲可笑也。」

至於工部局對於蘇報案「辦理公允，」却不是有什麼厚愛於中國報紙，而是爲了維護其租界區域行政完整，不欲華官管轄華人的勢力伸入租界的緣故，所以後來工部局就準備訂報律來管理租界裏面的華文報紙了。

D 處置志士辦法的曲折

a. 會審的情形

同年七月十五日，（光緒二十九年閏五月二十一日）會審公廨開始審訊蘇報案人犯，讞員及陪審官仍是孫士鏻和英翻譯官迪理斯，中國政府律師是古柏和哈華托，章鄒等律師是博易和瓊司。(Loftus E. P. Jones)先由古柏律師提出「中國政府控告蘇報館條款」云：

中國政府控陳範、陳錫尊、陳仲彝，以該三犯曾在上海三馬路二十號門牌所設之蘇報館登載論說，故意污蔑今上，挑詆政府，大逆不道，欲使國民仇視今上，痛恨政府，心懷叵測，謀爲不軌。其

所登污蔑挑詆各節，摘錄如左

五月初六日，按即公歷一九〇三年六月一日 蘇報登康有爲論曰：『革命之宣告，殆已爲全國之所公認，如鐵案之不可移。』

五月二十三日，公歷六月十八日 登賀滿洲人論曰：『殺滿殺滿之聲，已騰衆口。又泰然自豪曰，金城湯池，誠子孫帝王萬世之業也；乃今者睡虎已醒，衆盲豁然，吾漢族之曙光，已一發而不可抑，覘滿人九世深仇，切齒裂眥。』

五月初八日，公歷六月三日 登來稿客民篇，中有『哥老會係散勇結成，屢屢肇事，名不雅馴，遂變稱客民，陽以墾荒爲名，陰實濟其搶劫之計』等語。該報附論曰：「客民者，卽客帝逼拶而出者也。此客帝盤踞之久也，悉取其主人而奴之，而奴之眼光殆無往非其主人，故二百五十年，亦無以爲客而必欲屏之也。是非顚倒之旣久，而乃以其主人跳踉之難制者，外之爲客民』云云。意謂客民雖不肖，係中國人，實係主人。

五月十四日，公歷六月九日 登愛讀革命軍者來稿所著之「讀革命軍」謂：『吾國鄉曲之間，婦孺之口，莫不有「男降女不降，老降少不降，生降死不降」之語。』意謂婦女及稚者死者不從本朝定制，何以男人轉須拖辮換穿滿人服色，受此恥辱云云；擾亂人心，莫此爲甚。該稿又謂：『見滿洲人者無不呼爲韃子，與呼西洋人爲鬼子者同，是仇滿之見固普通人之所知也。而今世襲君主者滿人，占貴族之特權者滿人，駐防各省以制壓奴隸者滿人。夫革命之事亦豈有外乎：去世襲君主，排貴族特權，覆一切壓制之策者」

五月十四日，（公歷六月九日）是日作革命軍論云：「是書宗旨專在驅除滿族，光復中國，筆極犀利，文極沉痛，稍有種族思想者讀之無不拔劍起舞，髮衝眉豎。若能以此書普及四萬萬人腦海中，中國當興也勃焉，是所望於讀革命軍者。」

閏五月初五日登康有爲與覺羅君之關係，係摘選章炳麟駁康有爲云：「蓋自乙未以後，彼聖主所長慮卻顧，坐席不暖者，獨太后之廢置吾耳。殷憂內結，智計外發，知非變法無以交通外人得其歡心，非交通外人得其歡心無以挾持重勢而排沮太后之權力。載湉小醜，未辨菽麥，鋌而走險，固不爲滿洲全部計。」查載湉係今上御名，中國向極敬避，凡中國文人皆應知之。今該報館主筆不獨直呼御名，詆爲小醜，使通國之民，有蔑視其君之心；所用「未辨菽麥」四字，欲使環球之人輕鄙今上，識爲無用之人。

該報又謂：「載湉者固長素之私友，而漢族之公仇也。況滿洲全部，蠢如鹿豕者，而可以不革命哉。」查長素即康有爲，係亂黨之魁。

五月十四日（公歷六月九日）登自然生來稿讀嚴拿留學生密諭有憤曰：「今之上諭，以反叛胡廷定諸君之罪，以就地正法爲處諸君之刑，是諸君自作之災，於滿洲政府不足罵也。東三省者，賊滿人之故宅也，滿人不自惜而漢人爲之惜；東三省爲俄人占據，滿人不自恢復，而漢人爲之恢復。」又云：「游牧政府人。」又云：「汝辮髮左衽之醜類。」又云：「極誣謬狂戾之上諭。」

五月初十日（公歷六月五日）該報所登密諭嚴拿在日本之留學生，其實朝廷並未下有此旨，該報故意捏造，意在憤激謀亂，羣與國家爲難。

五月二十七日（公歷六月二十二日）登殺人主義論曰「今有二百六十年四萬萬同胞不共戴天之大仇敵，公等皆熟視而無覩乎？」又云：「以四萬萬人殺一人，奚啻摧枯。」又云「殺盡胡人方罷手，快哉殺人！」[26]

古柏律師又稱：「蘇報館主陳範卽陳叔疇，爲現在到案之陳仲彝生父，實主持該館之筆政，應請補提；陳吉甫係司賬人；龍積之係漢口富有票案中要犯，應歸另案懲辦；餘人請卽一律辦理。」於是讞員詢各被告口供：

程吉甫：「原籍蘇州，向在蘇報館專管告白，並不與聞主筆之事。其經理銀錢者爲李志園。」

陳仲彝：「蘇報乃公司，由父親陳範經理，總主筆爲吳稚暉。父親於事發之前，避赴東洋。」

錢允生：「本名寶仁，在新馬路女學報館被獲。」

26、中外日報，1903 年7月18日。

龍積之：『職員年四十四歲，廣西臨桂縣人，由優貢分發四川知縣。光緒二十六年漢口唐才常富有票案，職員並不在內。』

章炳麟：『年三十六歲，浙江餘杭縣人。革命軍序文係我所作。』

鄒容：『四川巴縣人。革命軍一書乃我所作。』[27]

七月二十二日（閏五月二十八日），續審。原告律師古柏稱：『查得此案之外，另有交涉事機，尚未停妥，今日未便向堂上聲敍，請俟停妥後再互訂會訊之期。』

被告律師博易就乘機駁稱：『古律師所謂改期會訊，堂上不能允從。若云交涉事機，究與何人交涉，不妨指明；況公共租界章程，界內之事應歸公堂訊理。現在原告究係何人：其爲政府耶？抑江蘇巡撫耶？上海道台耶？本律師無從知悉。』

被告律師這一問是很有力的。讞員祇好勉強回答道：『章鄒等犯係奉旨着江蘇巡撫飭拘，本分府惟有遵奉憲札行事而已。』

博易律師因說：『政府律師如不能指出章鄒等人所犯何罪，又不能指明交涉之事，應請將此案立卽註銷。』

政府律師哈華托力請堂上俟政府將交涉事機議妥後，訂期會審。讞員和陪審官都同意，於是章鄒等仍還押候訊。[28]

---

27. 申報，1903 年7月16日。

28. 申報，1903 年7月23日。

b. 移送問題的交涉

清廷因革命風潮日盛一日，思所以暴制之，對於章鄒等犯，滿擬「一日逮上海，二日發蘇州，三日解南京，四日檻京師；」[29] 乃卒格於上海道和上海領事團訂立的成約，竟以「堂堂政府，降尊向所屬下級法庭控告平民」[30] 這在清廷自然是弄巧成拙，格外的憤怒。因由在京的湖廣總督張之洞邀各國公使商榷，要求知照領團移送人犯。[31] 博易律師在堂上所說的「交涉事機」就是指這件事。

使團方面對於這件事情也不能決定，英美公使都電請政府訓令。但當時上海西人方面卻得到了不穩的消息，據七月二十二日（閏五月二十八日）字林報說：『現在觀其情形，似有危險之象，北京各欽使似不顧領事等在上海所立之約，將此數人不在上海訊明，即行交於華官。』

剛巧在這時候，北京發生了清廷慘殺沈藎的案子。

沈藎是革命黨人，於一九〇〇年（光緒二十六年）秋，以大無畏的膽力，單身赴滿清老巢——北京——祕密活動，到一九〇三年七月初（光緒二十九年閏五月中旬）被友人慶寬與吳式釗所賣，於同月十九日（閏五月二十五日）被逮，三十一日，（六月八日）慈禧太后下旨行杖刑，刑部官得旨相顧瞬眙，卒以令出自上，祇得拽藎以竹鞭捶之，至四時之久始死。[32]

這樁慘案既傳播出來，外人大為驚措，以為文明國人決不能以如此酷刑對待政治犯，

29. 蕩虜叢書，第一種，p. 29。
30. 中華民國開國前革命史，上編，p. 138.
31. North-China Herald, Vol. 70.
32. 蕩虜叢書，第一種，p. 4, pp. 22—23, pp. 30—31.

故英國公使薩道（Sir E. Satow）首先倡議，謂：『蘇報諸人，當在租界鞫訊，斷不可交與華官；使果有罪可據，則加以應獲之罪，亦不能出租界一步。』[33] 同時，更引起了國際上的注意，英政府藍斯唐侯爵在上議院答施賓塞伯爵所問上海拘獲的六人究擬交與華官與否的問題云：

『此次諸人，因刊登激烈之詞於報紙，以致逮捕。予嘗一讀其譯文，亦不能不稱其爲最激烈最勇猛之議論。按彼等所以爲上海工部局所拘獲者，因工部局受上海道之促迫，不得已而出此。故與華官訂定，諸人當在上海租界之會審公廨審判受罪。迨其中二人既經公堂辯明其罪，則吾等亦不能不照華官所定之約實行之。乃清政府忽有將諸人交出之要求，吾等惟有堅持方針，不爲所移；並須寄語吾國之審判此事者，亦當力拒其要求也。上海各領事之意見雖屬可疑，但吾等自知其決不致孤立。夫華人之正法於北京者，受慘酷之刑罰，其野蠻之情狀，貴爵當亦知之熟矣。由此觀之，目前所論之案，雖有一派人主張交諸人於華官之手，吾等決不當附和之也。然黨於此派之領事官，吾亦不敢謂其必居多數也。』[34]

八月五日（六月十三日）英首相斐爾福訓令駐華英公使薩道謂：『現在蘇報館之人，不能交與華官審判。』[35] 八月二十九日，（七月七日）美國政府亦訓令駐華美使康格（Edwin H. Conger）

33. 中國報學史，p. 160.

34. 國民日日報彙編，第二册，外論，p. 11.

35. 中外日報，1903 年8月8日。

謂：『中國在上海拿獲蘇報館革命黨，此事不可將黨人交中國辦理。』[36] 並令將主張移交案犯的上海美總領事古納調任。[37] 於是章鄒等當在公共租界審辦乃爲既定之案。

c. 「額外公堂」的審訊和結案情形

清廷見外交情勢不利，不得已於九月十日（七月十九日）函上海各當道，命將是案在上海公共租界會審公廨研訊結案。同時商得英公使同意，派由上海縣蒞公廨會同讞員及英陪審官開「額外公堂」審訊，並授判決權與上海縣。[38] 計於十二月三日（十月十五日）四日（十六日）五日（十七日）七日（十九日）開庭四次，主審者是上海縣汪懋琨，會審者是讞員鄧文堉和英領署繙譯員迪理斯。

第一堂開審時，政府律師古柏先請求將程吉甫錢允生二人開釋，陳仲彝准其保釋，章炳麟鄒容二人犯「大逆不道」「聚衆鬧事」「擾亂人心」三項罪名，應請堂上究辦，上海縣允之。

第二堂開審時，先由被告律師愛禮司(F. Ellis)代章鄒辯護，繼由章炳麟供述履歷。章並自辯所謂「載湉小醜觸犯清帝聖諱」一項道：『小醜兩字本作小孩子解，並不毀謗；至今上聖諱，以西律不避，故而直書。』後又由鄒容供述履歷。

第三堂開審時，由被告律師瓊司延請能解「革命軍」意義的西人立得兒(E. S. Little

36. 申報，1903 年9月1日。

37. 中國報學史，p. 160.

38. 申報，1903 年9月13日。

）到庭解說。

第四堂開審時，古柏律師請將龍積之開釋。[39]

十二月二十四日，（十一月六日）上海縣宣判鄒容章炳麟科以永遠監禁之罪。[40] 領事團對此發生異議，持不相下，直至一九〇四年五月二十一日，（光緒三十年四月七日）上海縣汪懋琨赴會審公廨，由讞員黃煊英副領事德爲門（Twymen）會同復訊章鄒二人，上海縣當堂改判：「爾二人之罪本無可逭，玆格外恩寬，判押章炳麟三年，鄒容二年，自上年閏五月六日（按即公廨六月三十日）到案之日起算。期滿驅逐出境，不准逗留租界。」[41] 這場驚天動地的大案件才告一結束。

後來鄒容於出獄前一月病死。章炳麟則於一九〇六年六月二十七日（光緒三十二年五月六日）期滿出獄，由當時的革命集團中國同盟會派代表龔鍊百等迎至日本東京，就民報主任之職。[42]

（2）報律的起源

A 大清報律的制定

清廷以全力搏鬥一張蘇報，原意是要把一切不愜意的輿論都鎭壓下去的。但是這是不可能的，蘇報被迫停刊後不久，革命黨又在上海租界出版國民日日報，清廷困於蘇

39. 申報，1903 年12月4日，5日，6日，8日。

40. 申報，1903 年12月26日。

41. 申報，1904 年5月22日。

42. 中華民國開國前革命史，上編，p. 139; Shanghai Mercury, June 29, 1906.

報案，已不敢再去捉人封報，就通令各地禁售該報，[43] 這自然祇好算是聊以解嘲的辦法。同年十月中旬（光緒二十九年八月下旬）有御史某某奏請清廷定報律；[44] 十月二十八日（九月九日）申報評論滿吏嚴禁國民日日報事，也主張明定報律，寓保護於取締之中，方爲妥善。重要的兩段是：

「今夫火，吾知其其足以燬物者也，有一物焉爲火所燬，見之者曰，是火之爲害也，天下宜盡滅火，而縱火以燬物者則不之論，稍有見解者，吾知必嗤此語之爲妄矣。今道憲於國民日日報一事，不禁國民日日報之刊印發售，而第禁買看國民日日報之人，其意與此將毋同？

「攷東西洋各國所出各報，必經官吏核明，始行刊布，其於謗議洩漏，亦皆懸爲厲禁；中國未有報律，故終無法以處之。必欲整頓各報，非修訂報律不可，否則徒禁人閱看，禁人代售，均無益之空言，卽使力足以盡之，而亦未見其盡也。」

由於此種提議，「大清報律」就由商部開始起草，至一九〇八年一月（光緒三十三年十二月）頒布。一九一〇年，（宣統二年）經民政部再加修改。辛亥革命後，各省尚有援用此律以壓制輿論的，直至袁世凱制定的報紙條例頒布後，始失效力。[45]

B 公共租界印刷附律的開始提出

蘇報案發生在公共租界，工部局因辦理此案的紛糾，且慮中國各種宣傳機關，都要把

43. 參看本期刊，第二年，p. 261.

44. 申報，1903 年10月20日。

45. 中國報學史，p. 349

租界區域當做巢穴,因於一九〇三年七月二十二日(光緒二十九年閏五月二十八日)致電北京領袖公使威爾彭,(Czikann de Wahlborn)提議使工部局有權檢查及管理租界內的華文報紙,列入地皮章程附則第三十四款。此種越權管轄華人的事端,不爲公使團所贊成,故威爾彭於八月十日(六月十八日)致函領袖領事古納,認爲工部局對於這等事是無權干涉的。[46]

但是,工部局對於取得管理印刷物權的意思,初未嘗因此打消。迨至一九一六年,(民國五年)重又擬定具體的方案提出了。

(3)上海日報公會的組織

上海日報公會的組織始於一九〇九年,(宣統元年)其動機是因爲神州日報以登載印度巡捕違法事爲工部局所控告,各報不平,乃起而組織公會,爲之後盾。當公廨審訊時,除神州日報自聘律師辯護外,日報公會亦公請律師代爲申理。從此上海的報館就有了一個公共的組織,其會章如下:

總綱第一

一定名　本公會爲上海日報所組織,故定名曰上海日報公會。

二宗旨　本公會以互聯情誼,共謀進行爲主旨,與各館內部組織無涉。

三組織　本會係獨立機關,應公同訂立會章,並辦事細則,以定方針而資遵守。

46. Annual Report of the Shanghai Municipal Council, 1903, p. 63, p. 65.

四會費　願入本公會各報館，應繳入會費及月費，其數目由細章規定（以上四則定爲永遠遵守之條）。

辦法第二

一會所　本會自賃房屋一所，以爲辦公議事之用，附設記者俱樂部，並藏書室。

二人員　本會設辦事員若干人，其職務名稱數目等列下：

（甲）幹事長一人，主持本會議行各事，由在會各報輪值，每家一月，擔任義務，不另開支薪水伙食雖不必常川住宿惟每日必須到會一次。

（乙）幹事員一人，執行本會議定各事，並司賬目，及本會器物，由本會公聘，月支薪水伙食臨時公决，常川駐會。

（丙）書記一人，掌管收發本會一切公件函牘，由本會公聘，月支薪水伙食臨時公决，常川駐會。

（丁）繕寫一人，專任抄寫案件，并司俱樂部書報，由本會公任，月支薪水伙食十六元，常川住會。

（戊）茶房二人，專供會內役使之用，由本會公用，每人月支工食洋各六元，住會。

（己）信差一人，專任差遣送信之用，由本會公用，月支工食洋六元，住會。

經濟第三

一入會費　自本章程施行之日起，凡有加入本會者，須繳入會費六十元。

二常費　暫定在會各報館每月各繳洋二十元，以爲本會常費，於每月初一繳入，如用有不敷，於次月一號開報時再行均攤。

三報告　用款出入，由本會於値月幹事長於次月一號出具報告，分送各報館。

集會第四

一常會　每星期一下午四點鐘開會一次，由書記於前一日先將待議各件，摘由條舉於知單中，通知在會各報館。

二臨時會　由幹事長召集，並將待議事件及急於開會理由並聚集時刻，預先通告。

三約法　開會時刻一到，無論人數多寡，卽行開會，遲到者雖可入席，然已決之件，不能復生異議，不到者亦如之。每次議案，當日由本會書記謄送在會各報館，以便遵守。

四議例　在會各報館每出代表一人，多到者祗須旁聽。表決議事秩序等情，以議會通法爲準。未經預告之議案，祗許提議，不能表決。

權限第五

一公共利益　本會議設公共便利方法如左：

（甲）　本埠商情及輪船進出口訪員；

（乙）　鈔錄重要各衙署公電員；

以上各種，均由本會公議直延，非在會各報館不得享此權利。

二公共機關　本會會所及記者俱樂部及藏書室，非在會各報館不得闌入。

三公共交際　凡在會各報館，對於本埠會外各報館所有函電新聞概不轉送會外報館轉來函電新聞，無論何種，亦概不照登。

要則第六

一處罰　凡違犯本會會章及議決條件，由本會公議罰以二十元以上一百元以下之罰金。如不受罰，除由本會公同宣佈斥退外，並由各報公布犯者之無道德，由本會公擬一稿，令會內各報登諸論前一月，以聲其罪。

二修訂　本會章如有施行未便應行增減之處，可以隨時修訂，惟必須三分之二以上之贊成。

三施行　本會章於在本會獨立會所開過第一次會議後，即於次日施行。非經正式修訂，永遠有効。

本會章業於陽曆三月二十八號特開會議，公共決定。[47]

---

47. 中國報學史，p. 313—17.

（4）新聞消息的進步

上海的報紙在草創時代，對於消息的敏捷是不大注重的。卽使是本埠新聞，也往往有今天收着的訪稿隔日才刊出來，在當時有「甲收乙用」的名稱。[48] 外埠要聞，因路途阻隔和交通機械的缺乏，那是更不消說了。

一九〇〇年六月（光緒二十六年五月）北方義和團起事，六日（十日）北京至天津鐵路阻斷，十六日（二十日）津滬電桿被毀，十七日，（二十一日）各國聯軍進攻大沽口。上海的報紙竟陷於消息斷絕的圍困中，但是它們亦不以爲意。事後申報加以研究，著於社論，謂津滬電線雖斷，而烟台至申水電猶通，由北京至烟台不及千里，如果要通信息，也是可能的事。[49] 不過當日讀者固不以消息敏捷責報館，而報館亦不十分努力罷了。

這種進步是在辛亥革命的時候。

一九一一年十月十日，（辛亥年八月十九日）武昌民軍起義勝利，十一日下午，本埠紛傳此事，各團體均向報館中探問消息，因此各報館急欲發電往武昌詢問詳情，但電局已不肯拍發；於是改變方針，分遣訪員往銀行界、輪船局、各國駐滬領事館各地四出活動，一時搜集消息的手段大見靈活。試舉十月十三日（八月二十二日）及二十一日（三十日）申報前幅要訊的來源如下：

十三日 「專電」漢口發十二條「譯電」大陸報一 字林報一 文匯報四 大

48. 張叔通：記者在申報館的一段小史，"光緒28年，不佞充當記者一名。這時的訪稿，往往'甲收乙用'就是今日來稿明日用"。

49. 申報，1900 年7月4日。

德利電報公司二　日領署一

廿一日「譯電」英領署接九江轉漢口電　黃浦江泊英兵船克里哇號接漢口

無線電　倫敦紐約電「歐美對於中國變更之態度」

同時，市民對於新聞要求的白熱化也達於最高度，海上閑談記其事云：

『鄂省戰耗傳至上海，無論紳商學界，莫不失色驚惶，奔走相告。巷口路隅，爭購報紙；恐有未盡，又踵報館之門，詳詢最近消息，記者幾有應接不暇之勢。』[50]

『望平街一帶，爲報館林立之所，而愛國志士，亦若此地爲獨多。日來警報頻仍，謠言蠭起，報館每有所聞，即發傳單，甚至一日之間，傳單五六發，猶恐未周，則大書警報，揭之門外。聚而觀者，肩摩足跡，塞街爲斷。』[51]

上海報紙在始創的時候，本爲一種商情報告，所注重者在廣告；到中日戰爭以後，先覺的智識階級利用報紙來領導文化革命，其所傾力灌注者是評論；對於「新聞」的注意，則一直要到辛亥革命時代。美國新聞家伊凡（W. Irvin）說：『現在是訪員的時代，——新聞的時代，而不是意見的時代。我們所持以影響於公衆的，是靠着貢獻事實。』[52]所以上海的新聞紙致力於消息敏捷之爭取，無疑的是必要的事情。

（5）中國報界俱進會的成立和特別大會

---

50. 申報，1911 年10月13日。

51. 申報，1911 年10月15日。

52. 新聞學名論集，p. 9.

一九〇五年三月十三日至十六日，（光緒三十一年二月八日至十一日）上海時報揭「宜創通國報館記者同盟會說」云有可祛之害三，有可與之利三：

可祛之害三：對於在內者，對於在上者，對於報館之記者；

可與之利三：可得互相長益之助，可得互相扶助之力，可得互相交通之樂。[53]

自從有了這個提議，到一九一〇年（宣統二年）南洋勸業會在南京開幕，上海時報乃與神州日報發起，藉各記者聚集南京之便，成立中國報界俱進會。上海方面報館贊同者有申報、中外日報、輿論時事報、天鐸報。其他各地，計有北京、天津、奉天、營口、吉林、哈爾濱、廣東、香港、南昌、贛州、漢口、杭州、南京、福州、成都、重慶、貴陽、蕪湖、汕頭、無錫等報館三十七家均表贊同。是年九月四日（八月一日）開成立會於南京，推郭定森（寶書）爲主席，[54] 一九一一年九月二十二日（宣統三年八月一日）開第二次常會於北京，推朱洪爲主席。

民國成立，（一九一二年）言論界脫離了重重的束縛，非常愉快地解放出來。所以俱進會就在六月四日在上海召開特別大會。新加入的報館，上海方面有民立報、太平洋報、民國新聞、民強報、啓民愛國報、民報、大共和報、黃報；別地則有北京、揚州、南昌、武昌、吉林、紹興、廣州十六家。推朱葆康（少屏）爲主席，除章程稍有修正外，並改易名稱爲「中華民國報館俱進會」

此後因經費沒有着落，就無形消滅了。[55]

---

53. 中國報學史。p. 297。

54. 東方雜誌，Vol. 7, pp. 243—46.

55. 中國報學史，p. 296, p. 298.

中國報界俱進會特別會上海報館代表名單（附錄）

太平洋報　朱少屏

民立報　邵仲輝

民國新聞　呂天民　陶鑄　鄧恢宇

神州日報　曹民父　汪瘦岑

申報　孫起淵　唐幼常

時事新報　徐寄廎

民強報　王河屏

啓民愛國報　王河屏

民報　何竣業　楊若春

天鐸報　鄒亞雲　梁重良

大共和報　王伯羣

時報　狄南士

新聞報　汪漢溪

黃報　夏廉聲　倪寄生[56]

56. 太平洋報，1911 年6月3日。

(6)政權開放與言論自由

一九一二年（民國元年）一月一日中華民國臨時政府成立，三月十一日，公布臨時約法，其第二章第六條第四項規定：『人民有言論，著作，刊行及集會結社之自由。』[57]加以這時政權開放，各黨競選，於是機關報紙如潮湧而起。當時北京是政治的中心，新刊當然最多；而上海各黨各會均有支部，所以報紙的數量不過次於北京。這時雖患言論龐雜，但都是各有獨立的主張，朝氣勃勃然的。

一九一二年（民國元年）七月二十五日太平洋報嘗將上海報紙的屬於同盟會或反對派者，列表如下：

（屬於同盟會者）　中華民報　民權報　天鐸報　民强報　民立報

（屬於反對派者）　時事新報　民聲日報　神州日報　大共和報　時報　民報

新聞報　申報　東大陸報

反對派中的報紙，分屬各黨，茲不詳舉。

四　洪憲時期

(1)言論界的厄運

袁世凱稱帝的時候雖然很短，可是給予中國報界的損傷卻極嚴重。辛亥革命後，中國的

57. 李劍農：最近三十年中國政治史，p. 243.

報紙本來很有希望走上指導政治的正軌，輔助各政黨推進法治政體；可惜這閃閃燃亮的火炬，就被袁世凱熄滅了。袁氏在實行稱帝以前久已蓄懷陰謀，因忌新聞紙揭穿他的秘密，對付甚嚴，所以中國的新聞紙直接受他的摧殘經過四年餘，流害尤其無窮。

一九一二年（民國元年）二月十五日，參議院選舉袁世凱為臨時大總統。袁氏就職後，就積極把共和政府的大權攬入總統手中，一切舉動都違反公意。報紙有指摘他的，他就公然違背約法抑制之。[58] 自一九一三年（民國二年）七月贛甯之役後，就以大刀闊斧的手段，努力排除異己，積極為家天下的預備。又知道人民心理都不贊成帝制，自以祕密進行為佳，故對於言論機關監視很嚴。其時各地報紙據理執言，公正雄健的，莫不首遭封禁；上海報紙因租界關係，袁氏權力不能及到，則均被停止郵遞，並禁人民售閱。一九一三年（民國二年）八月四日淞滬警察廳出「禁售亂黨機關報紙」告示云：

案奉江蘇都督民政長兼會辦江蘇軍務行署通令，內開：照得新聞報紙，為輿論機關，自非宗旨純正，議論平允，不足以代表人民心理，導引政治進步。乃有民權民立民強各報，專為亂黨鼓吹異說，破壞民國，捏造事實，顛倒是非，信口開河，肆無忌憚，亟應從速禁售，以免淆亂人心。為此訓令該廳長遵照，凡民權民立民強暨亂黨各種機關報紙，立即禁止售賣，並佈告人民一體知悉，切速勿違，此令等因，奉此，合亟佈告周知，仰各賣報人遵照，嗣後

58. 如1912年10月[illegible]日北京各報因載消息，為袁所不滿，即授意京師檢察廳票傳中央新聞等[illegible]報負責人到廳詢問，且將民視報編輯人拘禁，勒令交出訪員。

凡民權，民立，民强暨亂黨各種機關報紙，均即禁止售賣。凡我人民，亦應一律勿再購閱上開各項報紙，以免淆亂人心，是爲至要。[59]

自此不甘沉默的報紙，因維持艱難，祇好自行停版。[60] 一九一四年（民國三年）袁世凱公布「報紙條例」三十五條；同年十二月五日又公布「出版法」二十三條；對於報紙取締甚嚴。言論自由的約法，就被袁氏根本取消。一九一五年（民國四年）八月，籌安會起，上海的報紙僅賸五家；——申報，新聞報，時報，時事新報，神州日報——全國報紙的銷數亦從四千二百萬跌至三千九百萬。[61] 民國初年蓬蓬勃勃的報業氣象，至此蕭索不堪。其碩果僅存的幾家報紙，自受此打擊，以及後來連年有北洋軍閥的混戰，從此不欲牽入政治漩渦，遂漸趨於營業方面。經過後來十數年的努力，物質上的改良，日有進步；商業色彩，大見濃厚；至於言論則因不敢得罪任何方面，以致依違兩可，毫無生氣。並且漸而造成對外屈伏的現象，和報業的托拉斯化，將在後面詳述，其原因則均伏於此。

（2）帝制公開演進時上海報界的情況

籌安會成立後，袁氏稱帝的計劃就公開進行。當時北京的報界因處在權力之下，不敢有所反抗；上海的空氣則猶激昂：一方有超然派報紙的消極反對；一方有民黨及其他反袁派的報紙出版，積極抵制；更有袁氏的機關報，試欲插足於上海以謀對抗輿論，則遭民黨以

59. 新聞報，1913 年8月5日。

60. 天鐸，民立，民權，民強等報於贛甯之役後，1913 年內，停版。

61. 中國報學史，p. 184，p. 333.

武力驅逐。一時情況如下：

A 假時報案

虎厂雜記云：『籌安時代，京中各報，慴伏於權力之下，咸一致擁戴。惟順天時報頗多譏諷不滿之詞。然此報爲日人機關，且日人什九與項城（按袁世凱爲河南項城人，故有項城之稱）不睦，宜其有非難之聲。故時人則不重視之。惟上海各報，除薛大可組織之亞細亞報外，所持論調，頗爲國人所注目。項城在京中取閱上海各報，皆由梁士詒袁乃寬輩先行過目，凡載有反對帝制文電，皆易以擁戴字樣，重製一版，每日如是，然後始進呈。項城不知也。一日，趙爾巽來謁，項城方在居仁堂樓上閱報，命侍衛延之入，寒暄畢，趙於無意中隨手取時報一紙閱之，略一審視，眉宇間不覺流露一種驚訝之狀，項城奇之，詢其故，趙曰，此報與吾家送閱者截然不同，然此固明明爲上海時報也，故以爲異。項城乃命人往趙家持報來閱，竟大震怒。立傳乃寬至，嚴詞詰之；乃寬竟瞠目結舌，觳觫而不能對。』[62]

從這件假時報案看來，可知當時官方壓制眞正民意而外，尙有假造民意的活劇；同時也可知上海超然派報紙仍保持着它的獨立。

B 上海亞細亞報案

袁氏知上海輿論不爲已助，在籌安會將成立時，就派北京亞細亞報總理薛子奇挾巨款

62、中國報學史，p. 186.

來滬，運動各報贊助帝制，各報因求順人心起見，故皆峻拒之。薛子奇就創辦上海亞細亞報，賃公共租界山東路十一號房屋為館舍，其編輯部人員於八月底由京抵滬，以劉竺佛為主任，且不惜巨資遍登廣告購置新式機器。廣告甫出，匿名函件即紛紛而至，初僅詢問該報宗旨，其一署名「中國公民」其一署名「帝制之敵」，既而所謂「中國公民」者，又來一函，質問不覆的理由，且謂「旦夕將有以報爾！」九月十日上海亞細亞報第一號出版，竟「明白宣布以贊助帝制運動為宗旨」。當晚就接到兩函，措辭激烈，令停止出報。於是館中辦事人員乃不自安，於十一日晨請巡捕房派捕駐門首保護。哪裏知道這天下午七時許就有人去拋炸彈，死守門華捕一，機匠二。[63] 該報並不停刊，且挾政府之力，要求從嚴根究。不料到十二月十七日下午八時五十分，又有炸彈從二層樓窗口拋入，該館編輯部的百葉窗利桌椅都炸壞，主任劉竺佛幾被殃及。[64] 該館附近商店，以兩次發生炸彈案，非但危險，且營業大受損失，因商請房主東裕公司勸令該報館遷往他處。但是亞細亞報在他處不能得屋，延不肯遷。房主因於會審公廨控之。一九一六年（民國五年）三月三日判決，限該報館於三禮拜內遷移。[65] 該報覓屋不得，這纔停版。[66]

C 反袁報

袁氏既以籌安會公開演進帝制，中華革命黨及進步黨等也就預備正式討伐。此時

63. 申報，1915 年9月12日。
64. 中國報學史，p. 188.
65. 申報，1916 年3月4日。
66. 中國報學史，p. 188.

反袁派在上海所辦的報紙計有：

中華新報　民意報　民信日報　民國日報　共和新報

時事新報本爲進步黨的機關報，至是亦力抨袁氏。這些報都遭袁政府禁止銷售，所以祇能夠在上海租界區域內發行。

D 對於「洪憲紀元」的反抗

一九一五年 民國四年 十二月十一日，參政院推袁氏爲皇帝。十二月三十一日，申令改明年爲洪憲元年，又令各報照登。上海的反袁派報紙當然置之不理，仍用民國紀元；超然派各報亦不屈從，僅載公元。一九一六年 民國五年 一月二十四日，淞滬警察廳致上海日報公會函云：

「上海各報應各改用洪憲紀元一案，前奉宣武上將軍接准內務部佳電，如再沿用民國五年，不奉中央政令，即照報紙條例，嚴行取締，停止郵遞等因，飭行到廳，當經函請遵改在案。茲接上海郵務管理局來函，以此案奉交通部電飭照辦，函請查照前來。查各報不用洪憲紀元，既奉部飭停止郵遞，敝廳管轄地內，事屬一律，應即禁止發賣，并將報紙收沒。第以報紙爲言論機關，且上海各報館，亦與敝廳感情素篤，爲再具函奉告，務希貴會轉知各報館，即日遵改。如三日內猶不遵改，則敝廳職責所在，萬難漠視，惟有禁止發賣，并將報紙沒收也。」

超然派各報不得已，相商之下，乃以近於滑稽的手段，自二十六日起，報頭下以公曆紀年，更在公歷下另用六號活字排「洪憲紀元」四字，（如甲圖）幷將警察廳來函同日登出，以求國民的諒解。消極抵抗，亦煞費苦心。同年三月二十二日，袁氏因各省紛紛獨立，大勢已去，祗好明令取銷帝制。二十三日夜，申令取銷洪憲年號，仍用民國年號；松滬護軍使於二十四日奉諭發出通告。於是上海超然派各報所用的紀元才恢復原狀。

（甲）

西歷一千九百十六年	
一月二十六號	星期三
舊歷乙卯十二月二十二日	
洪憲紀元	

（乙）

西歷一千九百十六年	
三月二十三號	星期四
舊歷丙辰二月二十日	

（丙）

中華民國五年	
西歷一千九百十六年	
三月二十五號	星期六
舊歷丙辰二月二十二日	

（3）善後的措施

一九一六年（民國五年）六月六日，袁氏羞憤成疾死。七月，副總統黎元洪就大總統任；二十九日，申令遵行一九一二年（民國元年）的約法。報紙也恢復了一點活氣。六月二十日，上海日報公會電請交通部將袁政府停止郵寄的各報紙弛禁，內務部於七月六日咨各省區云：

「為咨行事。准交通部函開；「據上海日報公會電稱：讀大總統復商務報電，悉該報請准時事、中華、民國、民信、民意、共和新報等掛號通銷一節，業奉批交國務院核辦，現值百度維新，請大部仰體大總統盛意，電飭滬局准予掛號，以維言論等情到部。查前項報紙，原由前統率辦事處等先後行知轉飭禁遞或勿為掛號，均經本部分別飭遵各在案。茲據電稱前情，除時事新報前准貴部咨行轉飭仍准郵遞，並發還新聞電報執照，業經本部照辦；並共和新報由上海外交特派交涉員請郵局准其掛號由郵政總局詳請核示，亦經本部函准貴部函復照准，均無庸再行置議外，其餘各該報紙，應否准其掛號通銷之處，除函國務院外，相應函達貴部查核見復以便飭遵」等因。並准國務院交同前因到部。除時事新報業經通行弛禁，及共和新報並未經本部查禁亦准郵遞行銷，毋庸再行置議外，查上海中華新報係陸將軍電請查禁，上海民國日報係統率辦事處函請查禁，上海民信日報係政事堂發交查禁，均經本部通行禁銷各在案。現在時局正宜宣達民意，提倡輿論，所有上海民國日報，中華新報，民信日報，應即准予解禁。至上海民意報並未經本部查禁，與共和新報事同一律，自可自由行銷。除函交通部准其掛號郵遞外，相應咨請查照施行。」[67]

報紙條例亦經總統黎元洪於七月十六日申令廢止。[68] 出版條例則遲至一九二六年一月二十八日始由政府下令廢止。[69]（民國十五年）

五　歐戰時期

(1)國際宣傳戰在上海

一九一三年，（民國二年）歐戰發生，我國是處在中立的地位。英法德三國僑民向來在上海有着鞏固勢力的本國文字的報紙，這時各為着祖國努力作宣傳之防禦。同時對於中國方面

67. 新聞報 1916 年7月7日。

68. 新聞報，1916 年7月18日。

69. 中國報學史，p. 333.

也各展施其宣傳手腕德人辦有華文「協和報」英文「戰報」等；協約國方面則有法人的歐戰實報，英人的誠報等，均用華文編印。

（2）德文報紙勢力的消滅

一九一七年（民國六年）八月十四日上午十時，我國宣布對德奧立於戰爭地位。十六日，松滬護軍使奉外交部頒到處置敵國僑民條規九條，其第八條規定：「凡敵國人民所出書報，無論何國文字，該管地方官廳認爲必要時，得禁止發行。」於是南京路的德文新報社（協和報亦由該社刊行）和大德和電報公司於十七日下午七時均由江蘇特派交涉公署委員會同公共租界工部局所派巡捕封閉。[70] 英文「戰報」旋亦被封。[71]

德人在上海辦的報紙，特別是德文新報，（Der Ostasiatische Lloyd）本來也占幾分外交勢力。但自大戰以後，再行開設的報紙，卻專向商業方面活動。據一般的觀察，德國在滬報紙恐怕將來難有回復的希望，再也沒有外交式的報紙發現了。[72]

（3）紙張的恐慌

上海華文報紙所用的紙張，都是舶來貨。歐戰既久，紙張的來源缺乏，於是各報不得不勉求國產機製紙張以代之，或是提高報紙的售價。時上海華商紙廠如華章、龍章、寶源各家，均仿造報張用紙，[73] 其出品較之外紙：篇幅稍狹，色稍白，質稍脆。申報於一九

70. 申報，1917年8月19日。

71. 申報，1917年8月31日。

72. 中國新聞發達史，p. 44.

73. 申報，1917年7月19日。

一八年（民國七年）秋即用寶源紙廠的紙印刷。[74] 新聞報則於一九一七年（民國六年）五月二十一日起酌加批價。[75]

（4）歐亞電訊網的構成

上海報紙的記載，向來祇注重東亞一隅，對於國際新聞，不過從隔期的外國報章雜誌上翻譯一點，聊備一格而已。自歐洲大戰發生後，始招[illegible]求歐洲消息的靈通。上海華文報紙所用路透電訊，平時每月給費百元，此時加給一倍。[76] 同時，歐亞電訊網也有了進展。

回溯上海最早經營國際新聞的機關是英國的路透電訊社。該社本部的創始，在一八五八年（清咸豐八年）而來華東方面的活動，則始於一八七一年（同治十年）在上海設了一個代理部。這時候祇有字林報購用它的新聞稿，而該社的目的，是要搜集中國各地的消息供給於本部。當時歐洲的海底電線尚未接到香港，中國內部也沒有安置陸綫。路透社於一八七一年三月嘗發一通啓，宣言該社擬接收中國各方的新聞消息，先由郵訊達新嘉坡，再以有綫電報轉發倫敦。通啓內并述及有一位格蘭脫君（C. M. Grant）許久做了貢獻很大的事，便是在上海搜集了新聞消息，由海路寄往天津，由天津經過很遠很危險的陸路送往西比利亞哈克圖的大北電報局，再用陸綫拍發歐洲。這樣，比較由蘇彝士河經過每月一次的歐亞航程，可以減少了若干時日，這確是一件值得努力的事。[77]

---

74. 申報，1918 年9月10日："本館現用紙，張係上海楊樹浦寶源紙廠所造"。
75. 新聞報，1917 年5月21日。
76. 上海閒話，p. 181.
77. The Foreign Press in China, p. 46.

一八八三年，光緒九年英國大東電報公司海綫展接至吳淞，并獲得登陸權，於是依照下列的綫程上海就可以同歐洲直接通報了：

吳淞至川石山——川石山至香港——香港經關島新嘉坡至歐洲。[78]

一八八一年，光緒七年中國電報局開辦上海天津間陸綫，一八八四年，光緒十年北京天津間陸綫繼成，一八九七年，光緒二十三年北京陸綫橫過蒙古展接至哈克圖，與俄國西比利亞陸路電綫連絡。[79] 於是上海歐洲間又增多了一道通報的路綫。

從此以後，歐洲的電報通訊，在上海當天就可以收到，至遲也不過隔了一天。路透社藉英國海線的專權，輔以華歐陸線，在上海保持了許多時候國際通訊的權威。

歐戰既起，歐亞陸線既遭阻隔，海線又時常被潛艇破壞，雖然英國當局特別留心保護其海綫但是到達上海的路透電訊常非四日至一星期莫辦。[80] 不過另一種超越空間的通訊工具在滬歐間通報宣告成功了。

一九一六年民國五年一月一日，法國外交部向法國無線電公司買得上海顧家宅的無綫電臺，(Wireless station at Koukaza) 一九一八年民國七年初，調電信專家博羅爾曼 (M. Broleman) 由廣州灣來滬主持該臺。博氏將電機改良，增進接電的

78. 謝彬：中國郵電航空史，p. 220, p. 223.

79. The Foreign Press in China, pp. 47—48.

80. 舉一例，這時候路透社巴黎一日所發電訊，至四日甚至六日乃到上海，五日成七日始能載於報端。歐戰既能之一年內狀況還不佳，一九一九年八月二日字林報云："海電傳遞現仍不迅速，大東電報局發往歐洲的電報，平均要六天才能夠到"。

能力，於是該臺能接收六千英里以外的電信。當是年五月中旬布置初畢時，就能接到美國華盛頓的電訊。這時路透社本埠所發出的美國消息，多數是該社供給的。博氏復加意改進，自九月二十五日晨六時起，已能接到法國里昂城發出的無綫電訊。[81] 博氏乃與巴黎議定，每日由里昂發電傳至上海。發電時間，在歐洲為夜間十時，而在上海則為清晨六時。因此，往往戰訊在歐洲未發表之前，就傳到上海，上海居民與歐洲居民乃幾能同時接讀戰事報道。[82] 這時各報都特闢「法國無綫電」一欄來容納這種新聞。

上海里昂間通報成功的時候，聯盟國戰綫已遭協約國戰綫的最後包圍而力盡勢蹙，所以顧家宅電臺所報告的都是屬於趨向「和平」的消息，[83] 而這消息正為怵於久戰的外僑和已經參加協約國戰綫的吾國國民急於知道的，而這最速的報告世界新聞的無綫電臺乃大受市民的歡迎，國人也由此而留心國際時事起來。

(5) 全國報界聯合會成立

歐戰的末了一幕便是在巴黎開和會。同時，國內連綿數載的爭戰，也有了妥協的希望。

一九一九年(民國八年)二月，南北和議在上海開會，各地報館都派代表到上海採訪消息。廣州的七十二行商報和新民國報提議借此機會組織全國報界聯合會。於是廣州報界公會於二月十六日致電上海日報公會云：

81. North-China Herald, Vol. 128, p. 735.

82. North-China Herald, Vol. 129, pp. 32—33.

83. 如'布國簽定休戰條約''德軍宣告停戰'的消息，於10月上旬陸續由里昂發來。

「歐戰結束，南北息兵，世界與國內和平問題，關係國家存亡，人民利害。全國新聞界應不分畛域，泯除黨見，研求正誼，一致主張，外爲和會專使之後盾，內作南北代表之指導。準茲前提，特由本會同業共同決議，結合全國報界，開聯合會於滬上，幷由各報推定代表赴滬協商組織事宜。除通電全國報界外，謹電奉聞。至斯會開於上海，擬公推貴會就近主持一切。事關報界全體，尙望預爲籌備。」[84]

上海日報公會當復電贊同，廣州各報就派代表來滬籌備，並設事務所於靜安寺路二十二號。加入的報館，計北京十五家，上海十三家，廣州九家，南京七家，漢口五家，天津一家，福建、浙江各三家，四川、雲南、貴州共六家，湖北、安徽各二家，山東、山西各一家，餘如內地的揚州、武進、無錫、桐鄉，海外的小呂宋、檳榔嶼、仰光、檀香山、維多利亞、雪梨、舊金山，也都有代表到會。

是年四月十二日，廣州報界代表在上海宴請各報館代表，又議定加入國內外報和各通訊社。

十五日，假南京路大東旅社開成立會，計到代表八十四人，代表報館通信社八十三所。公推本埠民國日報代表葉楚傖爲臨時主席。[85] 除討論章程外，議決下列各要案：

一　對外宣言案

二　對借款宣言案

84. 新聞報，1919 年2月17日。

85. 新聞報，1919 年4月13日。

三　維持言論自由案

四　減輕郵電各費案

五　陰歷年終報不停版案

六　拒登日商廣告案

該會并在上海發行「平和日刊」記載國內外和會消息，由林萬里編輯。約定與會期同時休止，但至四月二十七日，該報見會議空氣沉悶，遂宣告先行停刊。

一九二〇年（民國九年）五月五日，該會在廣州開第二次常會，上海重要報館未往參與。第三次常會本定於一九二一年（民國十年）五月在北京舉行，會員忽發生齟齬，後遂消滅。[86]

六　五四運動

（1）拒刊日商廣告

巴黎和會裏中國收回青島的提案失敗消息傳來，舉國騷然，由於青年學生的大聲疾呼，造成空前震撼的五四運動。這種運動對於中國前途的意義，一方面是經濟的移動，一方面是文化的移動。現在先說經濟移動的影響於新聞紙者。

歐戰的時候，日本在東亞的航務、金融、商業有長足的發展，他們在上海方面所設的代理所和商店十分發達，也常常借中國報紙的廣告地位對華人宣傳。「仁丹」「味之素」兩種廣告

---

86. 中國報學史，p. 302—3.

所占版幅尤極多。再詳舉一例，一九一九年（民國八年）二月十八日的申報所登日商的廣告，有十一起之多，外加商業新聞佔一百十三行：

A 廣告

版次	廣告者	所佔地位
第二版	住友銀行	九英方寸半
第二版	朝鮮銀行	九英方寸半
第四版	大橋洋行	十五英方寸
第五版	東和館（活動影戲園）	六英方寸
第五版	伊籐醫院	十二英方寸
第九版	東方催眠術講習會	九英方寸
第十二版	中郵氏函授東文繙譯所	四英方寸半
第十二版	東方汽船會社	十二英方寸
第十三版	日信洋行（清快丸）	三十五英方寸
第十二版	旭日玻璃有限公司	六十五英方寸
第十六版	東京電氣公司	二十英方寸

B 商務消息

國外匯兌（三行）金市（四行）股票證券（一行）棉紗（九〇行）輪船進出口日期（十五行）

五四運動發生後國人一致排斥日貨，爲經濟之抵制，當時的七家上海華文報紙議決不復刊日商廣告，於五月十五日各報刊如下之申明：

敝報等公決，自五月十四日起不收日商廣告並日本船期匯市商情等。特此通告。

申報，新聞報，時報，神州日報，時事新報，中華新報，民國日報公啓。

從此以後，華文報紙上就難得看到日商廣告了。

（2）新文化與報紙副刊

中國的現代文化運動，雖自中日戰後便已開始，但因經濟方式尙停留在舊階段內，所以不能如意地發展。歐戰既發生，民族工業得以抬頭，不過還遭着日本的壓迫而已。五四運動的工作，一面在排斥日本經濟的侵略，一面也領導中國文化的革新。在報紙方面最顯着的影響便是副刊的改革和進步。如時事新報的學燈，民國日報的覺悟，申報的常識，都是新文化運動中的產物。

（3）公共租界印刷附律案

一九一三年民國二年春季二次革命暴發之前，及一九一五年民國四年秋季反對袁氏帝制的進行，開設於公共租界中的民黨機關報頗多發言；工部局擔心着這等「擾亂租界之循軌生活」的事情，就恢復了繼續進行一九〇三年光緒二十九年立法管理華文報紙的意念。[87] 一九一

87. A. M. Kotenev: Shanghai, Its Municipality and the Chinese, p. 81.

六年，民國五年二月，工部局因提議修改地皮章程附律中交通規程的便利，附帶在附律第三十四條「執照費」規定中加入關於印刷品領照的規定，使界內印刷物件——包括書籍報紙——因領執照而受其節制。[88] 此案提出於同年三月二十一日納稅人臨時會，會衆因外人本身所辦印刷物亦將受此律約束，即着工部局加以修改。此案因而延擱了兩年。

一九一九年民國八年五四運動發生後，報紙上排日與指摘內政的言論，及學生宣傳物盛行，引起了工部局極度的不安，感覺到「對付華文報紙緊急處置的必要」[89] 就重將印刷物領照條例及理由草成一案如下：

「改訂工部局章程條文內，遺漏報館給照印書館給照之章程，爲事殊未免重大。工部局應有權以保存治安秩序。觀最近學生事件，可見此項風潮，後來遍及中國人間工商各界。最要者，工部局應有權爲立刻之處治，不須憑藉其他權力，得以阻止意圖煽惑或破壞和平之印刷物之刋行。故工部局之意，擬於領事團修正以備提交納稅人會議之章程中第三十四條附律不准條內，羊字與寶字之中，加入一語云：「或經營印書石印雕刻之業或印行新聞紙雜誌等」字樣」[90]

這項消息一傳出去，各方立起反對，工部局乃改變計劃，將此案另行訂成附律第

88. 參看本期刊，第二年，p. 41—2.

89. Kotenev: ibid., p. 83.

90. 中國報學史，p. 369.

三十四條A，提出於同年七月十日的納稅人特別會[91]：

(一)下述附律，當稱為第三十四條A字附律，請通過：「無論何人，如未先從工部局領取執照，不得經營印刷人石印人雕刻人之事業，或印刷或發行任何新聞紙雜誌，或印刷品內載有公共新聞消息，或此項範圍內之事件者；如係外人，則其所領執照須由其該管國領事副署。工部局關於此項執照，可徵收執照費，並須行納捐人常會或特別會議所可核准之條例，惟此項條例，於須行以前須由領事團批准。無論何人，凡違犯此附律之規定者，當每次予以處分或處以不逾三百元之罰款，或按違者所適用之法律，加以他種處分。無論何人，凡襄助發行或傳散任何石印品雕刻品新聞紙雜誌或他種印刷品，而不於第一頁載明印刷者之姓名住址，如不止一頁而不於最後一頁亦載明者，當每次予以處分或處以不逾二十五元之罰款，或按其所適用之法律，加以他種處分。

(二)工部局須先經領事團批准後，得對於經營印刷人石印人或雕刻人事業，或印刷或發行任何新聞紙雜誌或印刷品各種執照，頒行下述條例：(一)執照當陳列於領有執照屋內顯明之處；(二)值差巡捕與收捐處人員可自由入內；(三)領有執照屋內所印任何新聞紙雜誌或他種印刷品之名稱，須正式註冊；(四)領執照者之名姓，住址，須刊明於任何石印品雕刻品新聞紙雜誌與印刷品之第一頁，如不止一頁，亦須刊明於最後一頁，然後始可發行；

91. 本期刊，第二年，p. 46.

（五）領有執照者，或領有執照之屋，不得印刷或石印或雕刻或複製或發行齷齪或淫穢性質之件；（六）領有執照者或領有執照之屋，不得印刷或石印或雕刻或複製或發行煽亂性質，或其性質足以煽惑致成破壞治安或擾亂秩序者之件；（七）凡任何印刷品石印品或複製品或發行品違犯上列第五款第六款者，得由捕房扣留沒收之，而領有執照者，得由捕房控告之。如在不安靜時，凡違犯上列第六款者，其執照得立即中止之，俟領照者所屬之法庭於工部局起訴該領照人時判決應否給還執照或繼續中止，或永遠吊銷。此外無論在何種情形之下，除先由工部局向領照者所屬法庭起訴後，由該法庭判令停發執照若干時期者外，執照不得中止。[92]

是日會衆中日僑一三八人一致投通過票，結果贊成者二六九人，反對者一五九人，印刷物領照附律就經納稅人會通過。[93] 但同年十二月十三日，領事團批准各條修正附律時，對印刷附律却未提及。工部局乃要求領事團對此案起草，領團主張工部局只管理華人報紙，且將領照方法改爲註册。工部局卽以此草案作爲附律第三十五條A，提交一九二〇年（民國九年）的納稅人特別會要求通過，因未足法定人數延會，[94] 一九二一年（民國十年）一九二二年（民國十一年）一九二四年（民國十三年）工部局嘗三度召開納稅人特別會，結果都不足法定人數，印刷附律也永遠懸擱着，不打消也未經承認；雖然該案每當提出納稅人會之前，上海書業商會、

92. 中國報學史，p. 369—70.

93. 申報，1919 年7月11日。

94. 書業商會等四團體發表印刷附律問題之經過。

上海書業公所、上海日報公會、書報聯合會都會劇烈的反對，并發表致納稅西人書，聲述理由，請勿將此附律通過；[95] 但工部局不顧一切，只管屢次提出，企圖着能經通過。

（4）法租界的印刷律

五四運動時，開設於法租界的留日歸國學生所辦的救國日報，既被法租界當局認爲有煽惑擾亂的危險性，且鑒於公共租界當局在積極進行着立法管理印刷物，法總領事就根據一八六八年四月十四日（同治七年二月二十二日）公布的法租界公董局組織章程第十三條「總領事應有担負保持租界內秩序和公安的任務」的規定，制定印刷律七條，於一九一九年六月三十日公布：

（一）無論刊行華文雜誌書籍新聞紙等書社報館，如未奉法總領事允准，不能在法租界內開設。

（二）前條內開之准許請求書須載明負責之經理人姓名及所抱宗旨，如有社章，須與請求書同時呈遞。

（三）如請求已准，無論書籍雜誌新聞紙及印刷文件非於印成後立送一份於法捕房及法總領事署不能在外發行。

（四）如捕房查見刊行文件內有違反公衆安甯或道德者，經理人、著作人如有印刷

95. 同前。

人，一併送會審公堂追究，按法懲罰。

（五）無論書社報館，不照第一條規定開設，可由捕房隨時封閉外，並將違章者送公堂追究。

（六）此令自發表日起實行。

（七）此令由法捕房總巡執行。[96]

法租界的政治是由法總領事獨裁的，所以其印刷律沒有經過阻礙就成立了。一九二六年，（民國十五年）國民日報因未得法領准許而不能在法租界出版，[97] 一九三三年（民國二十二年）十二月，「文學」雜誌因未請准許而出版，被控罰洋十元，[98] 都是援用此項印刷律。

（5）小報的長成

所謂小報，是說它的篇幅小，內容「專載瑣聞碎事，而無國內外重要電訊紀載」[99] 之類的報紙。

上海最早的小報是著「官場現形記」的李伯元創辦的「游戲報」，出版於一八九七年六月二十四日。（光緒二十三年五月二十五日）[100] 同年十二月三日（十一月十日）又有德人鼐曾辦的「奇聞報」出版。[101] 次年，前蘇報主筆鄒弢辦「趣報」，前新聞報主筆孫

96. 新聞報，1919 年 月30日，1919年7月4日。

97. 參看本期刊，第二年，p. 285.

98. 出版消息，No. 28.

99. 申報，1934 年1月16日，南京專電，中央宣傳會解釋取締小報標準。

100. 上海市通志館收藏該報第一號。

101. 申報，1897年11月26日。

玉聲辦「采風報」這兩種都用五色紙印行；[102] 字林滬報館亦出小報名「消閑錄」[103] 後李伯元以「游戲報」讓與他人，復自辦「世界繁華報」；孫玉聲亦以「采風報」讓與俞達夫，復自辦「笑林報」。[104] 同時繼起者，有寓言時新、獨立便覽、奇新、海上文社、暢言、趣聞、娛閑、通俗、時聞、花月、陽秋等報，都是旋起旋仆，爲日無多，祗有遊戲、笑林、繁華三家支撐最久。[105] 在此時期中的小報均按日發行，「性質大致都爲專記妓女起居嫖客生活戲館京角等等。」[106] 所以這是上海小報的「花報」時代。

民國初年，小報稍稍冷淡了一些時候，一九一六年（民國五年）十一月二十五日，新世界遊藝場發行「新世界日刊」。[107] 次年，大世界報，勸業場日報，新舞台日報相繼而出，一時「戲報」大爲盛行。上海的戲園和游藝場，一向是有貼在壁上的戲報，即所謂「海報」者是。[108] 但是「海報」不過刊登戲目，並不載游戲文字。自新世界日報聘孫玉聲主編，加入游戲小品，很能風行一時，各戲場競相仿效，大世界報聘孫玉聲主編，而新世界日報則由鄭正秋繼之，勸業場日報聘苦海餘生主編，新舞台日報聘郁慕俠主編，於是造成「戲報」式之小報時代。

102. 孫玉聲：報海前塵錄。
103. 申報，1898 年12月1日。
104. 上海最早小報談；報海前塵錄。
105. 中國報學史，p. 262；報海前塵錄。
106. 上海最早小報談。
107. 新聞報，1916 年11月24日。
108. 報海前塵錄。

一九一九年，（民國八年）神州日報的主人余洵（大雄）約了張丹斧，包天笑等辦一張三日刊，名爲晶報，三月三日創始。內容包括短評、小說、筆記、俏皮話、劇談、插畫、名優名妓寫眞、衣食住新智囊、求疵錄等。[109]這張多方面含蓄「三」字的小報本來是一種新的嘗試，不料竟在讀者方面獲得了很大的成功，於是各種「三日刊」小報又盛行起來。穩坐了十年江山。一直到上海的大報形成托辣斯化的時期才發生另一種變遷。

七　五卅慘案

（1）上海報紙和五卅慘案的關係

歐戰結束後，戰勝的强國亟欲恢復其經濟的景氣，於是重來鞏頓東亞市場；但是日本在大戰中已計劃全部把持我國的利益，不免與歐美起了衝突。然因鑒於大戰的痛苦，於是互相諒解，共同加緊壓迫弱者。由此必然地釀成中國民衆的反帝運動，五卅事件不過是顯著者而已。而五卅事件的發生，又與上海新聞紙有連鎖的關係。

一九二五年（民國十四年）二月二十六日，上海日商內外棉紗廠發生空前的大罷工，四月，青島日紗廠繼之，就是民衆反帝的先聲。此時把握全國輿論界權威的上海報紙，對於這種偉大的民族解放運動發言却甚爲曖昧；眞相既不盡予刊載，評論也在不知不覺中代那班肆行經濟侵略者辯護，而抹殺了這次罷工的正面意義。試舉一段當日著名日報的社評，以見一斑：

109。申報，1919年3月5日。

三數年來，我國紡織事業日趨不振，日人因勢利導，在華遍設紗廠，自青島以至滿洲，而西達於漢口，考其營業，均能獲相當之利益。此固應讚賞日人管理經營之得法，然在日人方面似應知我國工資低廉，工作耐苦之勞工，實有莫大之助力也。……今日勞資之糾紛，總不出待遇與工資問題。吾以爲我國工人慾望甚小，耐勞力強，日人苟能用待遇日本工人方法以待遇華工者，則工潮或者不至發生。一九二五，四，二三。

上海報紙所以有這種現象，當然是有所由來；而由這種現象發生的影響，就成爲直接間接的造成此次慘案的原因之一部份。胡愈之「五卅事件記實」論其因果甚詳：

『上海的報紙，和五卅慘案的激起，實有直接間接的關係。上海的報紙因開設在公共租界內，不受中國官吏的管束，所以對於內政言論較爲自由。反之，對於租界當局，却受着無形的壓迫，往往不能自由發抒意見。上海各日報偶有攻擊捕房的言論，往往被拘捕罰金。日紗廠第一回發生罷工時，就有數家報館因登載了一篇工會的宣言，被判決罰金。所以二次風潮發生時，上海報紙上只有數段殘缺的冷靜的記載，對於日廠暴行，不敢發表公正的抗議。所以外間對於此事絕少注意。同時上海各大學學生（學生對工人向來較有同情的態度）因顧正洪被日人非法擊斃，中國官廳絕不干涉，頗爲不平。又因報紙態度消沉，所以派遣學生沿途講演顧正洪被殺的眞相，使各界引起注意。此時捕房因學生有援助工人的舉動，便遷怒於學生。…………』110

(2)上海報界的恥辱

五卅慘案爆發了！中國民衆激於公憤，聯絡抗爭，造成空前未有的大示威，但是開設在上海租界中的報館，還是隱忍着淡然無所表示。

公共租界當局陡聞睡獅怒吼，亦爲吃驚，因發刊華文「誠言」，載其辯護之詞，欲藉以和緩中國人的愛國運動。一方面印貼於沿街，一方又當作廣告送申新兩報刊登，兩報竟然接受了，在七月十一日刊登出來。各界見而大憤。次日，上海學生聯合會卽在其他各報登載啓事，將該會在該兩報所登廣告，一律撤消；同時又在租界以外扣留該兩報，不准出售；並擬通告全國，一致激烈對付。該兩報不得已，向學生會解釋內容，學生會因提出要求：

(一)登闢誠言之廣告；

(二)登闢誠言之評論；

(三)登載啓事，向全國道歉；

(四)印闢誠言十萬份；

(五)捐助工人十萬元。

該兩報除第五條改爲自定捐助數目外，餘均承認，其事始寢。[111]「闢誠言」稿於同月十七日在廣告地位發表。

110. 東方雜誌，五卅事件臨時增刊。

111. 中國報學史，pp. 230—31.

上海的報紙因注重營業之故，均賴廣告爲生命線；上海是外商對華貿易的總樞紐，報紙亦幾乎成了外貨宣傳的總機關。五四運動後，嘗拒刋日商廣告；五卅慘案起，國民又要求拒刋英商廣告，但英商廣告尤多，所以報界雖然爲公憤起見嘗一時割棄，可是不久仍恢復了原狀。卽在拒刋時期內，尙發生過英商在華文報上刋政治作用的廣告的怪現象：

五卅慘案既發，六月中旬各界要求各報停登仇貨廣告，各報於十九日表示「其無契約者業已停登，其有契約者，因未滿期，未能卽停。」所謂有契約者，卽指英美烟草公司，該公司和上海的九種報紙——新聞報，申報，時報，時事新報，神州日報，中華新報，新申報，民國日報，商報，都訂有長年合同，故各報不能自由停登，乃共延梅華銓律師向英美烟公司磋商，將該公司與各報所訂之廣告契約暫停履行，商榷四五次，該公司堅持不允。各報祇得照舊訂契約履行，一面刋登該公司廣告，一面聲明至是年十二月三十一日約滿後，「當有更進一步之表示，以副各團體之厚望。」[112]就在這合同期內，廣告者恃着金錢與契約爲護符，視各報的特定廣告地位爲割據的地盤，所刋載的宣傳言詞已完全軼出商品廣告之外。試觀下列的英美煙草公司「廣告」一則，載於一九二五年十月間各報紙：

▽大前門　最先在中國製造之上等香煙

對於紙煙業英美煙公司種種籌劃其發展，不遺餘力，故得臻至今日如此宏大之境況，

112。1925 年7月21日各報。

凡當地可以發展之實業，公司無不盡力提倡之。

本公司曾費巨金，教導華人改良種煙法，藉以增進中國煙葉之生產。現在上海，天津，漢口，哈爾濱等處，均建立煙廠，上海天津青島三處，並建有印刷工廠。上海一處，更建有機器工廠與錫紙廠，並鼓勵華人製造他種必要物料。

此種事業增進農地之財源甚鉅，況雇用華人已達數萬。此數萬人及其家庭，均得度其安樂之生活矣。

以指導社會的喉舌，而竟刊載凶手企圖混淆準確理解的辨護詞與「中國人必須與外人經濟合作——其實是受他們的榨削——始能維持生活」的暗示的公布，在民族的危急關頭而被敵人利用至此，這不獨開世界上報紙未有的怪例，而且是上海報界難以清洗的恥辱！但其形成是有原因的——歷史的與經濟的，即報館之託庇於租界與依賴於外商廣告，平日屈伏以求存，一遇事變就被鐵鍊鎖住了不能動！啊，可憐的上海新聞紙啊！

(3)工學報利國貨報

民衆的情緒是那麼的高，上海固有報紙却不能做他們的前衛，於是有工學界自己辦的報紙出來了：

工商學聯合會日報　血潮日報　公理日報　中國學生　上海學生　總工會五日刊

工人畫報　英文學聯週報"The Union"

同時，民族工業在抵貨運動下獲得良好的效果，於是國貨報發行得也極多，其數量在前此後此都沒有同時這樣多的：

國貨週報　愛國報　國貨日報　國貨評論刊　中華國貨旬報

（4）帝國主義者新聞政策的潰滅

公共租界當局槍殺大批無辜中國工人學生，自知理屈，急欲辯護，外國公使亦同此心理，所以六月二日北京公使團會議，決定訓令在華外報，「盡量宣傳學生與俄人聯絡，使世人不表同情於學生運動。」113 因此慘案後一星期內的上海外國文報紙對於中國民衆的論調，「不曰赤化，即曰排外，其所紀述，Mob, Demagogue, Anarchy, Uprising 之字樣，不一而足。」114 工部局還以為不夠，對於牠自己的半機關報字林報還曾發出如此的誥誡的函件：

「外國報紙，近載張皇性質之消息，足以增加目下之不安靜。且義勇隊司令與捕房總巡雖日與以探明眞相之便利，而於一定之事件，乃以不正確無根據之言，採作新聞，本工部局殊為駭異。茲特奉命通告，若繼續有以上各項情事發生，其結果將嚴行檢查報紙。然因工部局非至為公衆利益起見必不得已而出此時，不願採取此項舉動，必須加意審察為荷。六月五日，工部局總辦魯和」115

113．時事新報，1925 年6月4日。
114．時事新報，1925 年6月6日，社論。
115．時事新報，1925 年6月9日。

但是公理終不爲淺薄的宣傳所掩蓋，世界上同情於中國工人學生者是一天天的多了；同時由於工學報的呼喚，警醒了無數的中國民衆，租界當局甚形狼狽，於是展施其第二步新聞政策的手段，就是辦反動的華文報紙來混淆中國民衆的視聽。

第一種反動報是「誠言」六月三十日創刊，徧貼在租界街道上。「誠言」首三號的內容是：

第一號載英外長張伯倫(Chanberlain)的演說。

第二號說沙面一役由中國學生先行放鎗。

第三號說蘇聯對於中國的野心。[116]

第二種反動報是「救國午報」八月中旬出現，「措辭荒謬，立論完全媚外。」[117]

中國民衆當然不會受它的欺騙，租界當局的這種心思是費得多餘了的。但是另一方面售賣公理日報的小販被捕，(六月十七日)印刷熱血日報的印刷所主人被拘，(六月二十八日)代售英文學聯週報的民智書局被搜查，(七月十五日)發行東方雜誌五卅專刊的商務印書館被控，(九月)[118]見得它們的宣傳的抵制已不知何時變爲武力的壓迫了。——當然帝國主義的新聞政策是因此潰滅了。

(5)印刷附律的消滅

116. 東方雜誌，五卅事件臨時增刊'什麽是誠言'。

117. 申報，1925年8月22日。

118. 時事新報，1925 年6月份；申報 1925 年7月份及9月份。

一九二五年（民國十四年）四月，公共租界納稅人舉行年會時，工部局又以印刷附律提出召開特別會，仍因不足法定人數延會；而它急於求通過，乃定於六月單獨召開納稅人特別會，其勢甚爲凶猛，華人團體乃竭力宣傳反對。[119] 剛巧在開會之前，五卅慘案發生了，各界向工部局提出要求，取消印刷附律亦爲其中之一。[120] 一九二六年（民國十五年）六月十九日，上海領事團發言人謂印刷附律及其他附律本次納稅人會已不提。[121] 此後就無形消滅了。

八　國民革命

(1)從黑暗轉到光明

一九二七年（民國十六年）初，中國國民黨領導着反帝反封建的民衆順長江而下，勢如破竹，軍閥們是恐慌得難以終日。當上海還在他們的殘餘勢力下，對於新聞界監視得極嚴。一月六日，上海防守司令李寶章召集上海各報館記者談話，禁止刊載國民黨的通電、宣言、紀事等。[122] 九日，市民公報、中南晚報被封；[123] 十日，民國日報被迫停版。[124] 其餘各報也懨懨沒有生氣，大家祗在候着曙曦衝破黑暗了。

勝利終屬於民衆。三月二十一日，國民革命軍克復上海，二十二日，二十五

119. 申報，1925 年5月20日。

120. 胡愈之：五卅事件紀實。

121. 時事新報，1926年6月20日。

122. 申報，1927 年1月7日。

123. 申報， 927 年1月11日。

124. 申報，1927 年1月10日，'民國日報啓事'。

日民國日報·中南晚報相繼復版，[125] 每個報紙都從暮態變爲朝氣。同時，上海特別市臨時市政府政綱草案，對於新聞事業曾經定過保護的條如文下：

一、廢除束縛言論出版之苛法；

二、新聞記者不受軍法裁判；

三、公共交通機關，新聞記者得免費使用；

四、公共機關應請規定時間接待記者，公共場所，記者得自由出入採取新聞。[126]

（2）裁制外報的猖獗

外人在華所辦報紙，最初不過是僑民間交通的工具，進而爲商業市場的媒介，及至中國的現代報紙盛行了起來，它們又變爲對付華人輿論的政治機關了。一九一一年三月（宣統三年二月）天津星期西報（Tientsin Sunday News）嘗明白指出在華外報的目的道「保衛外國在中華所有之政治商務利益，并抵拒華人之輿論。」他們恃着國勢和領事裁判權的護符，本無忌憚；而中國當軍閥執政時代，因外人爲其後台老板，從來不敢加以些微的干涉，愈使他們猖獗起來；造謠，攻擊，凡不利於中國的事情，無所不爲。國民政府既成立，就決意加以懲創，裁制它們的猖獗

一九二九年（民國十八年）三月二十九日，上海字林報的社論詆毀黨國，中國國民黨中央執

125. 申報，1927 年3月22日，25日。

126. 報壇逸話，p. 51。

行委員會就下令禁止該報在中國境內發行，並訓令海關當道查禁該報出口。127 一九三一年民國二十年十月，本埠日人所辦上海日日新聞，每日新聞兩報，也因迭載挑釁性質的謠言被淞滬警備司令部一度取消其郵寄。128

（3）對外宣傳機關的活躍

自中國的門戶開放以來，和國際的關係日益密切，這是一定需要有交換意見的刊物，才足以應付。但是外人對我者雖多，而我們却向來少有應付外人的。溯上海刊行的中國人主編的外國文報，始於一八七六年光緒二年的新報，繼有一九〇五年光緒三十一年的南方報，但都是中英文合刊，而且都是不過一年半載後就把英文撤去成爲單獨的中文報。但是我們得明白新報的經費是出於道庫的，南方報的創辦人曾任上海道，道台是當時的地方外交官，唯其兩報與道台發生關係，才多少帶上點外交的色彩。此外就不能夠再找出來了。

孫中山先生活動革命時，有許多地方得着友邦人士的幫助，他也能夠竭力的聯絡外人。在辛亥革命以前他和他的同志會約了外籍友人創辦宣傳中國革命的英文報紙，即後來著名的大陸報，雖然孫先生及其同志是因了實際工作的忙迫，後來並未有暇利用它。到一九一八年，民國七年中國國民黨因對外宣傳反對北洋軍閥，又在上海辦有英文滬報。

但是中國政府及人民團體對外宣傳報紙的盛行，是要算到一九二七年民國十六年以後，

127. 申報，1929 年4月23日。

128. 時事新報，1931 年10月13日。

英人所辦平津泰晤士報（Peping-Tientsin Times）對於這件事情嘗用着希奇的眼光看了說：「在中國國民革命裏有一個有趣的現象，就是上海及其他地方英文刊物如潮湧般出現」（一九三二年十二月二日）

在上海方面所出者，多數是定期刊，（細目已見本期刊第一年第三期茲不復舉）日報則僅自外人收回的大陸報一種。

（4）報業的托拉斯化及其反應

國民革命成功以後，上海的大報共存五家：除了民國日報是中國國民黨的黨報外，申報、新聞報、時事新報、時報四家都是以營業來維持的。上海報界以營業爲維持的基礎，始於袁世凱稱帝時期，到這時候已顯見資本上的發展；申報尤爲其中巨擘。

一九二七年（民國十六年）時事新報改組時，申報就已吸收其股份；一九二八年，（民國十七年）美人福開森將其擁有大部份的新聞報股份出賣，申報方面即進行收買。當時申報大有形成上海報業唯一報業托拉斯的趨向。中國國民黨上海特別市市黨部對於這件事，恐報紙之獨占於一二資本家之手，曾有過激烈的反對。[109]

上海報業既發生高度資本主義化的現象，就顯著地有以下兩個反應：

（一）在托拉斯圈外的營業性質的報紙，既不能作正面的抵抗，乃趨向於黃色新聞化來迎合低級趣味，以圖生存。往年，路透社遠東經理唐納宴請中國報界，席間致詞謂：「中國報紙之發

109。郭箴一：上海報紙改革論，p. 40.

展，雖多少與西方報紙相同，然無西方一部份報紙故意危言駭人聽聞之痕迹。西方報界所常經過之「黃新聞」階級中國報紙殆可避免之歟？果爾固中國報紙之大勝利也！」[130] 但這是不可能的，因為中國報界不能避免資本主義發展的路線，美國式的「黃色新聞」就必然會出現的。

（二）前些時候的三日刊小報，都是談談風月的，至此亦多轉而涉及政治，並且又恢復出日刊的風氣，如以「三日」為名的晶報也變做日刊了。這是因為各大報既在同一統制之下，意見消息容有未盡，於是小規模的發表言論的報紙就蠭起了。[131]

九　最近的進展

（1）報業教育的發達

報紙的經營與製作，本為現代的專門技術之一。但是中國的新聞人，自始卽由無聊文人及落魄政客充任；其後雖多有志者奮任斯業，又大半未曾受過報學的專門訓練；因此要求報業的進步實無異在黑暗中摸索。上海之有報業教育，始於聖約翰大學的報學系，而南方光華國民復旦滬江各大學及國立上海商學院相繼設報學專科，復有民治新聞專科學校及申報新聞函授學校成立，目下教育報業的機關既多，將來這新的專門人材出任，一定能夠使報業進展於新的階段。各報學專科和專校的沿革和狀況如下：

---

130. 申報，1921 年5月19日。

131. 李興：從小報說到大報，（載新聞世界，No. 1）。

（A）聖約翰大學報學系　一九二〇年，民國九年由該校教授卜惠廉（W. A. S. Pott）在教務會議中提議設立報學系，附於普通文科，請密勒氏評論報金融編輯帕脫遜（Don D. Patterson）兼任其事。故授課均在晚間。一時選讀者達四五十人。校長見學生對於報學至有興味，乃函告美國董事部，添聘報學教授一人。一九二四年，民國十三年武道（Maurice E. Votaw）來滬主任教務，於是報學課程漸多，每學期選讀者，均約五六十人。因教授人數太少，未設專科，故畢業者仍給以文科學士學位。[132]

（B）南方大學報學系及報學專修科　該校於一九二五年民國十四年春，延申報協理汪英賓爲主任，設立報學系及報學專修科。專讀者，報學系十八人，專修科五人；選讀者八十餘人。課外則組織「南大通訊社」，學生分日出外採集新聞，供給本埠各報館之用，不取費。是年暑假，校中發生風潮，報學系遂渙散。[133]

（C）光華大學報學系　光華大學是五卅慘案中聖約翰大學反對校長的師生所組織，學程中仍有報學一課，延汪英賓爲教授。選讀者六十餘人，文科學生居多。廣告學選讀者二十餘人，商科學生居多。[134]

（D）國民大學報學系　國民大學是南方大學反對校長的師生所組織，成立於一九二五年民國十四年秋，設系一仍其舊。報學系延時報編輯戈公振講中國報學史，商報編輯潘公

132. 中國報學史，p. 275.

133. 中國報學史，p. 277.

134. 中國報學史，p. 277.

展講編輯法，時事新報總編輯潘公弼講報館管理，商報總編輯陳布雷講社論編寫。專讀者六人，選讀者三十餘人。[135]

(E)復旦大學新聞學系　該系成立於一九二九年（民國十八年）秋季，屬於文學院。辦理方針，嘗載於校章略謂：

「社會教育，有賴報章；然未受文藝陶冶之新聞記者，記事則枯燥無味，詞章則迎合下流心理，於社會教育，了無關涉。本系之設，卽在矯正斯弊，從事於文藝的新聞記者之養成：既示以正確之文藝觀念，復導以新聞編輯之軌則；庶幾潤澤報章，指導社會，言而有文，行之能遠。」

先是，該校舊設的中國文學科，原有新聞學組之設立。故新聞學系實就原有規模，擴充張大；成立之初，由校長聘該校中國文學系教授謝六逸爲主任。課程分基礎知識，專門知識，輔導知識，寫作技能，實習與考察五項。[136]

(F)滬江大學商學院新聞學科　一九三一年（民國二十年）秋間，滬江大學和時事新報館合辦「新聞學訓練班」，宗旨是以新聞學的理論和報館實際的訓練並重，俾養成新聞事業專門人才爲目的。由張竹平、汪英賓主持教務。第一年試辦的成績很好，翌年秋間，滬江當局把學程添加，改稱爲新聞學科，屬於商學院，並組織指導委員會，聘史量才爲主席，張竹平

135. 中國報學史，p. 277.

136. 復旦大學新聞學系紀念刊。

爲主任，汪伯奇、潘公展、董顯光、嚴諤聲、米星如、潘公弼爲委員。[137]

(G)國立上海商學院新聞專修科　一九三三年 民國二十二年 十二月創設。該專修科爲便利有職業青年從學的緣故，授課均在晚間。修業期限爲一年。[138]

(H)民治新聞專科學校　由名記者顧執中創辦，成立於一九二九年 民國十八年 一月，初名民治新聞學院，至一九三三年 民國二十二年 一月遵教育局令改今名。同年十二月停辦。[139]

(I)申報新聞函授學校　成立於一九三三年 民國二十二年 一月，申報爲紀念其六十週年而設，聘該報總主筆張蘊和爲校長。教學方針在於「養成管理與編輯地方報紙之人材，訓練其採訪新聞與通訊之技能，並授以推廣發行報紙之方法」。修業期限爲一年。[140]

(2)報學研究的組合

在報業教育發達之外，近來復有一個可喜的現象，即目下的新聞從業員在職務餘暇對於所從事的這科學術也正在努力研究，有着許多討論研究的組合。上海始有新聞學會，源起於各大學報學系同學的組織，現在則職業記者間也有着這樣的團結。各學會的情形記錄如後：

A上海報學社

這是國民、光華、大夏三大學報學學生組織的，[141] 一九二五年 民國十四年 十一月二十九日

137. 記者座談，No. 10.
138. 申報，1933 年2月14日。
139. 民報，1933 年1月19日；本期刊，第二年，p. 623.
140. 申報，1933 年1月15日。
141. 中國報學史，p 278.

成立。會員有五十餘人。成立大會之日，主席周尚宣布該社計劃：第一步是演講，參觀，實習，翻譯；第二步是發行刊物，組織通信社。[142]

B　密梭里大學新聞學院同學會上海分會

美國密梭里大學的新聞學院，是世界著名的報業教育機關。我國的名記者有許多曾留學於彼，歐美新聞人出身於該校的也有許多服務於遠東。一九二六年（民國十五年）六月十一日，中西同學十人會集於上海功德林，開始組織該校新聞學院同學會上海分會（The University of Missouri School of Journalism Alumni Association, Shanghai Branch）到會的是：

鮑惠爾（J. B. Powell）密勒氏評論報主筆

密勒（Thomas F. Millard）紐約時報駐華通信員

汪英賓　申報協理

麥克永（E. F. McEwen）前日本商務報職員

武道（Maurice E. Votaw）聖約翰大學報學系主任

費爾東（Horace L. Felton）字林報職員

恩勃拉脫（Norman J. Ulbright）密勒氏評論報職員

威爾遜女士（Miss Louise B. Wilson）字林報婦女版編輯

---

142. 新聞報，1925年11月[illegible]日。

張繼英女士　上海女青年會公布部及婦女雜誌編輯

鮑惠爾女士 (Miss Margaret C. Powell) 英美烟草公司電影部公布工作

汪英賓被選爲會長，威爾遜女士被選爲司庫兼書記。[143]

C　復旦大學新聞學會

這是復旦大學新聞學系師生組織的，已印行叢書多種：

「新聞教育之重要及其設施」謝六逸著。

「復旦大學新聞學研究室概況」黃天鵬著。

「最新應用新聞學」陶良鶴著，一九三〇年十二月刊。

「新聞政策」杜超彬著，一九三一年五月刊。

「上海報紙改革論」郭箴一著，一九三一年五月刊。

「中國報紙研究」伍應衡著，一九三三年刊。

「新聞論文集」管照微編，一九三三年刊。

又嘗發刊新聞學雜誌二種：

「新聞世界」季刊，一九三〇年十月創刊。

「明日的新聞」半月刊，一九三一年十月創刊。

143, China Weekly Review, Vol. 37, p. 68.

D中國新聞學會

中國新聞學會成立於一九三一年（民國二十年）十月二十一日，由少數有志於新聞學者，「對於過去新聞學的不滿足，對現在新聞業的不信任」此兩大動因之下而集合的組織。其宣言云：

「志願於新聞學之研究的同志們；

我們今天在「新聞學之研究」的目標下，舉行最初的發會了；正值此全國罹於天災人禍的最大的刼難的時候。現在，謹以致力於學術之研究的至誠，將「中國新聞學研究會」的發會之動機及有待於努力的任務，向志願於新聞學之研究的，未識面的廣大的同志們宣告：

「新聞學」這一名詞，在中國學術領域裏之被公認，還僅是十數年來的事。在這短促的十數年的過去歷史中，牠是和中國一切同時的新興開始建立的其他學術一樣，並沒有何種具體的成效；甚且是更較其他的學術還要落後地逗留在幼稚狀態的初期。雖然，在書坊的出版物裏，我們是可以找到十種以上的新聞學的著作；但那些因爲都是偏於概論的，所以牠的功効也祇能使人除了知道「新聞學」三字以外，就不能供給我們對新聞學的更詳盡的理論的與技術的諸般知能之獲得。新聞教育方面，雖然我們也可以提出三數個設有新聞專科的大學；但那有的是完全忽略了中國的文化進程與中國的社會背景，而祇是愚盲地的追從黃金的美國，接受那種無補於中國之實需的純資本主義化的報業教育；有的則是奉崇「老吃報館飯的」報屁股編輯、小報記者或禮拜六派大文豪等，以之爲前輩先師。前者是爲帝國主義者製造聽令於他而來侵略中國文化毒害中國社會的狗類，後者則是爲他那種人生殖自己的後輩而承襲一切舊的殘留的封建宗法。這些，就是我們目前階段的新聞學的實踐！

其次，我們再看現在中國的新聞事業：這是祗有使我們痛恨憤怒的——中國的新聞事業，牠根本沒有新聞學的根據。幾種所謂大報的經營，在次殖民地的半封建的經濟情況下，在買辦階級及統治者的手裏，做着被御用的代言者，並向廣大的社會羣衆，盡其卑劣的欺騙作用。加之，技術的落後，機械設備之不全，理論的缺乏，工作人的腐朽昏庸，職業飯碗的把持，對新進拒絕摧殘；於是就被產生了這不屬於大衆的而大衆在無報可看的時候不得不看的今日的報。最近，又因步隨了社會經濟的發展，使中國的新聞業更漸進於資本主義化，於是又有了所謂「托辣司」的組織；正向着更危機的前途。這就是我們目前階段的新聞事業的外形與內質！

現代的新聞紙，是社會羣衆持以生存的精神的糧秣。新聞紙之優良的製作，則基於新聞學的教養與創造。這教養和創造，是在文化之大體上，匯科學與藝術而合流的。從役於此業，必首先從役此學而研究，這絕不是搬弄筆墨的騷人文士的附業，也絕不是利以進身政治的階梯，或從政治落伍後的歸途。我們把握着此點，信仰這原則；對過去新聞學是不滿足，對現在的新聞業是不信任；在沒有專門的集團的組織而發起本會，這就是我們誠摯的最初的動機。

新聞之發生，是依據於社會生活的需要；社會生活的整體，是基於被壓迫的廣大的萬萬千千的社會羣衆。所以我們除了致力新聞學之科學的技術的研究外，我們更將以全力致力於以社會主義爲根據的科學的新聞學之理論的闡揚。——「新聞價值」原是以最大多數讀者之喜愛與否而確定；新聞之工作者：自研究而從業，亦必須以最大多數人之利弊爲依歸。我們認識這新聞學之研究的意義，我們要以對新聞之志願與堅決的信心，投於這一巨艱的偉大的前程。統一起中心的目標與意志，循着大的社會進化之征輪的蹤迹；建立新聞學的基礎，推進新聞運動的開展；這就是我們今後的任務。

依於上述的緣由，我們的視線絕不僅集中在都市的全國政治新聞；新聞更須注目到的是地方新聞，農邨新聞。學校新聞，工場新聞……等，凡屬於社會羣衆所聚在的地域，我們要在這曠野去作無盡的開拓。……

志願於新聞學的朋友們！我們懷着熱切的心在期待友伴，集合起來！等着你們的握手。[144]

E 記者座談會

這是由若干青年記者——包涵新聞社的內勤，外勤，印刷，經營各部門人員——所團結的，以茶話會的形式每星期日集合同志在一處，討論新聞學術上的問題。又編輯「記者座談」週刊

144、明日的新聞、No. 2, p. 25.

一種，每星期五附刊於華文大美晚報第一號於一九三四年（民國二十三年）八月三十一日出版，「座談會的告白」就揭載於其中：

「「記者座談」這組合的形成，是遠在數月之前。也無所謂誰是發起的主動者，不過有少數的朋友們第一次相聚於一家俄菜館中，經一次懇摯的深談後，大家都認爲此後每週應有繼續座談的必要。因爲我們這般從事於新聞事業的青年，在日常的生活中，普遍地感覺到沉悶和飢渴。沉悶是什麽？就是公餘之暇，沒有什麽消遣，所謂消遣也者，決非雀戰，跳舞，喝酒等等，而是有益於自身生活教養的種種運動，好像遠足，野餐，和青年朋友們的懇談，恢復一些青春時代活躍和天眞的情緒之類。飢渴是什麽？不消說是學識和技術。因爲我們都是以新聞事業爲終身志願的青年，同時自認對現階段新聞事業不感滿足，而深願爲將來中國新聞事業邁進過程中的拓荒者！我們堅信非今後虛心地埋頭準備學識和技術上的增進，將來便不能完成新聞記者的新使命，不能肩荷起復興中國新聞事業的艱鉅責任。

爲了要解決「沉悶」和「飢渴」這兩大問題，我們便聯合志同道合的一羣，從事組織記者座談會。在這座談席上，我們可以天眞爛漫的無話不談，同時可以討論各種有關新聞事業本身的問題和理論，也可以交換各人的學識和意見。這組織裏，既沒有領袖也沒有嚴格的章程，更毫無虛僞的儀式。現在，把我們公認的幾項「約言」寫在下面：

一、我們是這樣的認定：新聞事業是有前途的，特別是中國的新聞事業，是有遠大的前途。

二、為達到這遠大前途的鵠的，必然的需要經過一番苦鬪和創造，這種責任是需要眞正為建設新聞事業而奮鬬者負担任來，而我們這般靑年記者，應毫無猶豫地負起它的中心責任來。

三、根據上述原則，為了眞正新聞事業的建設，我們當前需要認定兩個大前提去幹：（甲）一切朽腐的醜惡的新聞界之動態，以及其從業員，凡是有礙新聞事業發展的一切事實，我們當盡我們的力量毫不客氣地予以打擊和揭發。（乙）反之，為了積極方面把中國新聞事業納入正軌的路途，我們需要一種前進的科學的新聞理論，意識，和技術方面的完成。

四、動亂中的中國新聞記者，每個人都應該覺悟到新聞記者這一種職業，除了單純的職業意義以外，更應設法無限量地擴充更偉大的意義。——為了整個中國新聞事業發展的前途，

五、我們底這個座談會的形式，一方面為了一般現役新聞記者職業餘暇找尋些純潔的樂趣，另一方面我們擬藉此機會來動步部份地做到上項所述的各點。

六、在這一個集合裏，我們這般自命為少壯的覺悟的記者們，在思想，志趣，和要求的統一之下，共同合作互助團結來做一些我們認為切近的要做的新聞事業及其運動。

七、在這一個集合裏我們隨時討論有關新聞事業的一切政治，經濟，社會等等任何方面

的理論和實際問題。但是務必要避免產生任何些微的政治作用，及防止被利用作何種工具。

八、凡是與新聞事業有關的從業員，同情我們的組合而願加入者，我們都表示歡迎。同時，爲了企圖作用上的增進，我們將無限止地努力把參加的份子擴大——在地域和人數兩方面。

九、參加這組合的人，每一個都是自動的主動者，在一般意志熱誠的結合下，我們不取組織的形式，我們要的是少壯記者們靈魂一致的跳躍，所以，參加者誰都是指導者，同時也誰都是被指導者。這樣，在相互精神琢磨作用中，不但個人的思想學識，技能，由此而增加，而且整個新聞事業前途，亦可因其份子的日趨康强而獲得發展。

F 中國文化建設協會新聞事業委員會

中國文化建設協會是一九三四年（民國二十三年）裏成立的領導及推進中國文化的總機關。新聞事業委員會是協會所屬組織之一，主任委員張竹平，副主任委員蕭同茲，委員三十四人，均由協會於十月十二日聘任。[145]「新委會」第一次會議於十月二十八日舉行，出席委員二十餘人，由主席委員張竹平主席，袁學易紀錄，議決「起草工作計劃大綱」「組織國際新聞宣傳研究委員會」「編行定期物刊」「發起組織中國新聞協會」各要案。[146]

145. 記者座談，No. 7.

146. 申報，1934 年10月28日。

（3）雜誌的盛行

一二八滬變以後，「雜誌之出版，一時有雨後春筍之勢。在一九三二年（民國二十一年）夏秋兩季中，見於報紙廣告之雜誌名數在百種以上，其中新出者約半數。」147 這種趨勢，迄今而未已，盛況突過從前憲政運動和五四運動兩個時代。由於雜誌出版之衆多，專門經售雜誌的店舖也開始出現，一九三四年（民國二十三年）中相繼成立的有左列三家。

上海雜誌公司　張靜廬創辦。

中國雜誌公司　文華圖書公司附設。

羣衆雜誌公司　就羣衆圖書公司改設。

先是，上海已有大華等雜誌公司，但那是專門經售歐美各國雜誌的。以經售本國雜誌為主體的雜誌營業公司，俾是隨着雜誌奔放地發達的近一年中發現的事情。

近年雜誌在出版界中盛行，而單行本書籍減退，當然是反映着社會經濟的動態，同時又有出版者與讀者之間的關係；對於這一狀態形成的所以然，已經有着許多人討論，148 現歸納其要點如下：

一、世界政治經濟變動的旋律日益急速，人人所要知道的現況的眞象和分析，雜誌能夠以其定期性首先提供於讀者；

---

147. 申報年鑑，1933 年版，p. R8.

148. 大晚報，1933 年國慶特刊；現代雜誌，1934 年6月號；文學雜誌，1934年8月號均論到這個問題。

二、雜誌售價較單行本為低，而質量相等，在現今中國社會經濟低落讀者購買力薄弱之時，雜誌能得讀者的歡迎；

三、雜誌的內容複雜，作者衆多，較單行本的單純內容易得讀者的歡迎；

四、出版家的「一窩風」脾氣；

五、中國社會上和文壇上派系甚多，於是各派各系都辦着雜誌，發表自見的意見。

現在中國的雜誌界雖然已到極盛時代，可是比到歐美日本相差得還很遠，因為他們的專門性質和技術性質的雜誌類別及種數甚多，所以中國雜誌界仍有它發展的前途。

（4）晚報的成功

上海有晚報是很早的事情，但是一向不受社會的歡迎，所以不能盛行，而辦晚報的因大多貼本，都不能維持長久。滬報（一八八二年刊）嘗試出「夜報」，是上海最早的晚報，它的遭遇據報海前塵錄說：「無如南市一至晚間，杜門不出之人居多；北市則商店正在上市之時，各人無暇閱報。僅藉茶樓酒館售數究屬無多，遂以虧耗不支而止。」後來一九二一年（民國十年）沈卓吾創辦中國晚報，慘淡經營數載，又賠累數十萬元之多。[149] 使人幾乎疑心上海地方是不宜於發刊晚報的。

上海人平時雖不大愛看晚報，但逢淞滬附近發生大戰事時，為了關心時局，都有從晚報上去得着當天消息的要求，所以每遇有關大局的戰爭時，各晨報均在下午發行臨時的號外，而許

149，張靜廬：中國的新聞紙，4th Issue, P. 61.

多獨立的晚報亦多於戰爭創立，做投機的生意，例如：

東南晚報　一九二四，九，八創刊。正值江浙盧齊戰事吃緊中。

江南晚報　一九二四，一二，二九創刊。正值盧永祥南下，江浙戰禍有二次爆發的危機時，

申江晚報　一九二五，一一，一〇創刊。正值東南奉浙戰爭中。

上海晚報　一九二六，一〇，一〇創刊。正值國民革命軍與孫傳芳軍在南昌作戰劇烈，及上海有便衣隊起事的風聲鶴唳中。

但是戰事終止，投機的晚報和臨時的號外也就跟着失去了地盤。「上海的報紙爲什麼不出夕刊」——這疑問在許多讀者心裏存了很久。

張靜廬所著的「中國的新聞紙」中，嘗推求其故，據說以上海比北平，一則不能風行晚報，一則反之，有社會的關係兩點，編制上的不同三點：

社會的關係，一來從前北平是政治的中心地，舊式官僚們晝睡夜興，晚報出版，恰逢他們沐浴更衣的時候，便拿來和晨報一同看；二來北平遊息的地帶，大抵都在中央公園、先農壇、北海，啜茶納涼，就拿一張晚報作爲消遣品。上海的游息地，多半是俱樂部、游戲場，到這些地帶去的人，眼睛別有眷顧，再也沒有意思來理睬站在一邊叫破喉嚨賣晚報的了。

編制的不同，共有三點：（一）上海的晚報，因賣價極便宜，全靠廣告的收入，所以非印一大張不可；

北平的晚報廣告的收入少，賣價却比上海要高一倍，所以祇要印一小張就夠了。(二)上海晚報因爲要每天印一大張，新聞又少，就不能不借重於外埠交換報和本埠日報，用剪刀的新聞，最少要佔一半；北平的晚報篇幅短小，就容易湊滿當天的新聞，看起來，上海的晚報就確不能像北平的晚報全版有精采。(三)上海的晚報，都是單獨組織出版，新聞的來源困難；北平的晚報像「世界晚報」「北京晚報」都是日報的夕刊，新聞的來源，不成問題。

一二八以後，上海社會忽然發生一種改觀的地方，就是晚報大告成功，盛行起來；而讀者也養成「一天看兩次報的習慣」了。晚報在上海之成功，是「大晚報」努力所收得的效果。「大晚報」創刊於一二八上海事變中，然不因戰事停止而隨之消滅，反而更推進了上海晚報盛行的偉大的效果，這是因爲它有着獨立的精神，得着經營者緊張興奮地拼命的幹的緣故。它有着新聞紙上的價值三點：

一、在滬戰，該報特派記者黃震遐、張若谷等冒險赴戰地探訪消息，寫來更是生龍活虎，確實地獲的了集納（Journalism）空前的效果。

二、努力用白話編寫社論：完全是用白話寫的，新聞在可能範圍內——就是除出通信社稿及舊式記者的訪稿外——也都改用白話，這是語文改革運動以來十餘年在報界所收之惟一的效果。大陸報嘗稱它「白話侵入新聞紙社論的聖所而成功的大晚報」

三、注重地方通訊，記者分布於各重要城鎮；且取材着眼於社會經濟各點。這樣，新聞既不廣匱乏且免與晨刊衝突；一面就促成晚報的獨立性。[150]

大晚報因有種種優點，乃確立了晚報的地位，它自己的銷數也日增，紙面則由四開一張擴充爲對開一張而二張。此種嘗試的成功，就引起了新夜報，夜報，華文大美晚報，新聞夜報相繼的發刊。

（5）紙面新聞之勁敵

新聞的傳播技術僅限於紙面，但是從十九世紀印刷工具進步，新聞通訊隨交通方法的發達而敏捷以來，紙面新聞就得了絕大的優勝，佔據了整個的報告事業的重要的領域。不過，到了二十世紀的初年因爲科學上有了更進步的發明，——廣播無線電的完成，電影技術的增進，一用到新聞的傳遞工具方面來，就使紙面新聞感受到無上的威脅。因爲無線電廣播新聞有更速的傳達力，新聞電影有更具體的表現力，是紙面新聞所及不來的。在標準化享受現代科學文明的美國，已發生了新聞紙和廣播電臺的新聞競爭；就是我們所處的國際化的都市的上海，也因近幾年來無線電電影的享受日趨發達，隱示了來日不可避免的新聞傳播術的新趨向和競爭的路線。在將來回溯今日這一個起點，恐怕也就像今日返顧已往紙面新聞發展的起點一樣呢。

150。大晚報、一週紀念特刊。

图书在版编目（CIP）数据

上海新闻事业之史的发展 / 胡道静著. —北京：中国传媒大学出版社，2018.3
（中国近代新闻学名著系列丛书 / 芮必峰主编）
ISBN 978-7-5657-2278-3

Ⅰ. ①上… Ⅱ. ①胡… Ⅲ. ①新闻事业史—上海—近代 Ⅳ. ① G219.275.1

中国版本图书馆 CIP 数据核字（2018）第 048684 号

中国近代新闻学名著系列丛书
芮必峰 主编
上海新闻事业之史的发展
SHANGHAI XINWEN SHIYE ZHI SHI DE FAZHAN

著　　者 胡道静
策划编辑 司马兰　姜颖昳
责任编辑 姜颖昳
封面设计 拓美设计
责任印制 阳金洲

出版发行 中国传媒大学出版社
社　　址 北京市朝阳区定福庄东街 1 号　　邮编：100024
电　　话 86-10-65450532 或 65450528　　传真：010-65779405
网　　址 http://www.cucp.com.cn
经　　销 全国新华书店

印　　刷 北京华联印刷有限公司
开　　本 787mm × 1092mm　1/16
印　　张 7.25
字　　数 90 千字
版　　次 2018 年 6 月第 1 版　　2018 年 6 月第 1 次印刷

书　　号 ISBN 978-7-5657-2278-3/G · 2278　　**定　　价** 35.00 元